Alexander Conze

Beiträge zur Geschichte der griechischen Plastik

Alexander Conze

Beiträge zur Geschichte der griechischen Plastik

ISBN/EAN: 9783743662858

Hergestellt in Europa, USA, Kanada, Australien, Japan

Cover: Foto ©Thomas Meinert / pixelio.de

Weitere Bücher finden Sie auf **www.hansebooks.com**

BEITRÄGE
ZUR
GESCHICHTE DER GRIECHISCHEN PLASTIK
VON
ALEXANDER CONZE.

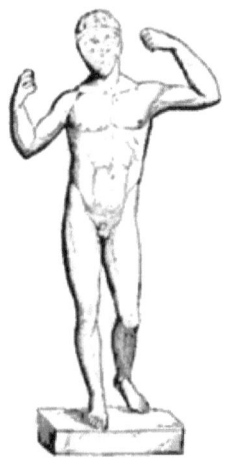

Mit XI Tafeln,
meistens nach Abgüssen des archaeologischen Museums der königl. Universität Halle-Wittenberg
gezeichnet und lithographirt
von
HERMANN SCHENCK.

Zweite Auflage.

HALLE,
VERLAG DER BUCHHANDLUNG DES WAISENHAUSES.
1869.

Herrn

EDUARD VON DER LAUNITZ

zugeeignet.

Die hier gebotenen Beiträge zur Geschichte der griechischen Plastik sind in so fern ein Ergebniss meiner Amtsthätigkeit als Vorsteher des archaeologischen Museums der Universität zu Halle, als ich für diese Sammlung die Abgüsse der bis dahin noch gar nicht oder doch wenigstens nicht genügend in weiteren Kreisen bekannt gewordenen antiken Bildhauerwerke, deren Herausgabe den Kern dieser Beiträge bildet, beschaffen konnte. Die akademischen archaeologischen Sammlungen haben nicht nur die leichtere Aufgabe, das nach dem bisherigen Stande der Forschung unerlässliche Material für den Unterricht zusammenzubringen, sie haben daneben auch die andere weniger bequeme Aufgabe ins Auge zu fassen, zur sicheren Grundlage der noch immer mit der grossen Zerstreuung ihres Materials kämpfenden Wissenschaft der antiken Kunst die stilistisch wichtigen bisher noch unbenutzten Werke der Beobachtung zugänglich zu machen. Hierzu habe ich nach Kräften das Meinige zu thun gesucht; Erheblicheres in dieser Richtung kann freilich nur eine reicher dotirte Sammlung bei planvoller Leitung nach und nach leisten. Mir war es nur möglich in fünf Jahren fünf solche unser kunstgeschichtliches Wissen bereichernde Stücke zu erwerben und auch das gelang bei beschränkten Mitteln nur mit Beihülfe vor Allem der Generaldirection der königl. Museen zu Berlin, welche allein die Kosten der Formung des Grabreliefs von Orchomenos und der Petersburger Ephebenstatue getragen hat, dann der Vorstände der Universitätsmuseen von Breslau, Bonn, Dorpat, Göttingen und der im vielversprechenden Werden begriffenen Universitätssammlung zu München. Ein mehr, als es bis jetzt stattfindet, fortgesetztes Hand in Hand Gehen zunächst der Vorstände der zahlreichen deutschen Sammlungen würde sich bei derartigen Unternehmungen gewiss ungemein förderlich erweisen. Dankbar habe ich übrigens auch noch der entgegenkommenden Bereitwilligkeit des Magistrats von Bologna zu gedenken.

Die kunstgeschichtliche Wichtigkeit der fünf neuen Bildhauerwerke werden die Abbildungen, so wie sie hier am Orte von geschickter Hand hergestellt werden konnten, wenigstens annähernd dem kundigen Auge zeigen. Ich habe nun aber auch meinerseits versucht, die Rathsel einigermaassen der Lösung näher zu fuhren, welche uns jedes neu auftauchende Werk namentlich der älteren griechischen Kunst aufzugeben pflegt und dabei bin ich auf Erörterungen über Fragen von ziemlich erheblicher Wichtigkeit eingegangen. Einige neue Ansichten sind ausgesprochen, die sich mir bei fortgesetzter Beobachtung zum Theile schon seit längerer Zeit aufgedrängt hatten. Auf dieser Seite wird nun freilich, wie ich mir sehr wohl bewusst bin, vielleicht der sterbliche Theil dieser ganzen Arbeit liegen. Dass eine grosse Anzahl meiner Fachgenossen die von mir aufgestellten Vermuthungen und Behauptungen einstweilen nicht billigt, weiss ich sogar zum Voraus. Dennoch sie öffentlich auszusprechen, war mir eine wissenschaftliche Gewissenspflicht. Mein Hauptwunsch dabei ist, zur Prüfung von Ansichten, die ich für mich allein bisher nicht zu einer mir selbst zweifellosen Gewissheit bringen konnte, die ich aber ebensowenig durch früher aufgestellte entgegengesetzte Behauptungen von vorn herein als beseitigt anzusehen vermag, die Betheiligung anderer Mitarbeiter auf dem Gebiete der griechischen Kunstgeschichte in Anspruch zu nehmen.

Giebichenstein bei Halle a. S., den 26. November 1868.

Auf Wunsch des Herrn Verlegers erscheint meine Arbeit in einer zweiten Auflage. Diese enthält nur einige ganz geringe Aenderungen und Zusätze, zu denen theilweise Michaelis und Kekulé den Anlass gaben. Inzwischen sind mehre Besprechungen erschienen, von Hübner in der Berliner Zeitschrift für das Gymnasialwesen 1869, S. 145 ff., von Kekulé, diese besonders eingehend, in den N. Jahrbüchern für Phil. und Päd. 1869, S. 81 ff., von Bursian, so darf man wenigstens vermuthen, im Literarischen Centralblatte 1869, S. 591 f., von Helbig im Bull. dell' inst. di corr. arch. 1869, S. 74 ff., von Benndorf in der Zeitschrift f. d. österreich. Gymnas. 1869, S. 261 ff., von Lützow in der Zeitschrift f. bildende Kunst 1869, S. 287 ff. Im Ganzen enthalten sie mehr Widerspruch als Zustimmung. Dem gegenüber möge dieser im Wesentlichen unveränderte Wiederabdruck nicht so gedeutet werden, als legte ich auf die entgegenstehenden Ansichten kein Gewicht. Ich halte es nur für zweckmässiger, erst noch die Abgabe anderer Stimmen abzuwarten, um dann auch meinerseits noch ein Mal auf die angeregten Fragen zurückzukommen.

Wien, den 26. Mai 1869.

Tafel I.
Marmorkopf in Bologna.

Der auf dieser Tafel in zwei Ansichten abgebildete Marmorkopf gehört zu der Antikensammlung des früheren Architekten Palagi in Mailand, welche, vom Municipium von Bologna angekauft, gegenwärtig in dem sogenannten arciginnasio antico aufgestellt ist.[1] Leider ist es mir nicht gelungen, weiter zurück über die Herkunft dieses ausgezeichneten Kopfes Etwas in Erfahrung zu bringen. Er ist von so tadelloser Erhaltung, dass auch nicht ein Stückchen an ihm fehlt oder etwa ergänzt wäre. Seinen antiken Ursprung wird deshalb Niemand bezweifeln wollen.

Es ist der Kopf eines jungen Mannes, dessen volles Haar eine breite, hinten zusammengeknüpfte Binde umgiebt; nach der Form des Bruststücks muss er ursprünglich zu einer ganzen Statue gehört haben. Nichts an dem Kopfe deutet auf eine Gottheit oder einen mythischen Heros; vielmehr erscheint es am wahrscheinlichsten, dass dieser, wie viele andre jugendliche Köpfe mit Binden im Haare, einer Ehrenstatue gehört habe, sei es, dass die Binde ihm als Siegesbinde oder als auch sonst vorkommende Kopftracht gegeben wurde. Die jetzt ausgehöhlt leeren Augen waren ohne Zweifel ursprünglich mit einer andern Masse ausgefüllt. Das Band im Haare macht ganz den Eindruck einer jetzt etwas leeren Fläche, die ursprünglich durch Farbe, durch ein farbiges Ornament vermuthlich, gefüllt war.

Ein erhebliches, den dargestellten Gegenstand betreffendes Interesse knüpft sich also an den Bologneser Kopf, so weit unser Wissen reicht, nicht; sonst wäre er auch wohl nicht so lange unbeachtet geblieben.[2] Er verdient aber trotzdem im höchsten Grade unsre Aufmerksamkeit; mit seiner ebenso edlen wie höchst eigenthümlichen Bildung, die uns in einer für ein Marmorwerk so seltenen Unversehrtheit bewahrt geblieben ist, tritt der Kopf bedeutsam unter der Reihe bisher bekannter antiker Typen hervor. Ich erinnere

---

1) Das archaeologische Museum der Universität zu Halle besitzt einen Gipsabguss als Geschenk des Municipiums von Bologna.
2) Ich machte auf ihn aufmerksam in Gerhards arch. Anzeiger 1867, S. 90.*

mich besonders eines Kopfes unter unserm Antikenvorrathe, der durch seine formellen Eigenthümlichkeiten einigermaassen diesem Bologneser Jünglingskopfe nahe steht; es ist der von Brunn besonders zu Ehren gebrachte ursprünglich farnesische, jetzt Neapler weibliche Kopf,[1] in dem Brunn[2] eine Hera und zwar nach dem Vorbilde der Polykletischen Hera im Tempel bei Argos erkennen zu dürfen glaubt. Schon in der Anordnung und Behandlung des Haares wird man bis in Einzelheiten hinein gleichen Geschmack und verwandte Hand an beiden Köpfen nicht verkennen. Dieselbe Sprödigkeit im Ausdrucke, dieselbe Herbigkeit in der Bildung der Gesichtsformen ist beiden gemeinsam, und wenn diese z. B. in den Augenrändern am Neapler Kopfe noch stärker ist, so muss man dafür in Anschlag bringen, dass dieser Kopf kolossaler ist als der Bologneser. In diesen Formeigenthümlichkeiten wird man nun ebensowohl bei unserm Bologneser Kopfe die Abzeichen älteren echt griechischen Ursprungs erkennen müssen, wie Brunn aus ihnen mit Recht das Gleiche für den Neapler Kopf folgerte. Hierzu muss ich jedoch sogleich bemerken, dass ich den Bologneser Kopf nicht für eine originale frühgriechische Arbeit halte, was ja übrigens auch von dem Neapler nicht anzunehmen und nicht angenommen ist. Ich halte ihn für eine das Charakteristische sehr gut bewahrende Nachbildung von antiker Hand. Es fehlt namentlich in manchen Nebendingen, wie an den kleinen hinten hervorhängenden Haarlöckchen die liebevolle und gedankenvolle Behandlung, die das Original eines Werkes von solcher Bedeutung jedenfalls auszeichnen würde. Indem ich das Wesentliche dessen, was auch von Friederichs[3] über den Neapler Kopf gesagt ist, auf den Bologneser Jünglingskopf anwendbar finde, setze ich diesen, wohlverstanden also sein Original, vor das Ende des fünften Jahrhunderts v. Chr.

Hätte Brunn richtig in dem farnesischen Frauenkopfe die Nachbildung eines Originals von Polyklet erkannt, so würde der Bologneser Kopf, dessen Original man nach Phidias nicht entstanden glauben wird, der von allen uns bekannten Köpfen aus der Werkstätte des Phidias sich sehr erheblich unterscheidet, mit gutem Fug auch in enge Beziehung zu Polyklet gesetzt werden müssen. Die Prüfung einer solchen Annahme wird uns bei Besprechung der folgenden Tafel beschäftigen.

1) Mon. in. dell' inst. di corr. arch. VIII, Taf. 1.
2) Ann. dell' inst. di corr. arch. 1864, S. 297 ff.
3) Berlins antike Bildwerke 1. S. 105, n. 89.

Tafel II.
Marmorkopf in Kassel.

Der auf dieser Tafel wiederum in zwei Ansichten abgebildete Kopf von parischem Marmor gehört unter die vorzüglichsten Zierden der Antikensammlung im Museum Fridericianum zu Kassel.[1] Ueber seine Herkunft ist mir Nichts bekannt. Er ist leider weniger gut erhalten als der eben besprochene Bologneser Kopf. Das Bruststück mit einem Theile des Halses und ein grosses Stück der Nase sind moderne Ergänzungen, wie auf der Abbildung angedeutet werden konnte. Ausserdem ist namentlich ein Stück der rechten Seite der Unterlippe neu eingesetzt; hier und da haben die mehr vortretenden Haare etwas gelitten, und die zwei nach seitwärts abstehenden Enden der hinten am Kopfe geknüpften Binde scheinen abgebrochen zu sein.

Auch dieser Kopf ist der eines jungen Mannes, in dessen vollem Haare eine breite Binde liegt;[2] auch dieser Kopf ist wahrscheinlich nur der Ueberrest einer ganzen Statue. Auch bei ihm deutet Nichts auf eine Gottheit oder einen der bekannten mythischen Heroën. Auch für ihn erscheint die Annahme, er habe zu einer Ehrenstatue gehört, am wahrscheinlichsten.

Das ganze Gewicht muss bei der Betrachtung und Würdigung auch dieses Kopfes wiederum auf die Form gelegt werden, die uns hier aber bei angestelltem Vergleiche mit dem Bologneser Kopfe in grundverschiedener Eigenthümlichkeit entgegentritt. Zunächst muss aber bemerkt werden, dass wir es hier in dem Kasseler Kopfe mit einer ungleich lebensvollern Arbeit zu thun haben, in der feinen Modellirung des Fleisches, besonders auf Stirn und Wangen, im ganzen Wurfe und in jedem Löckchen des Haars, überall zeigt sich eine mit unmittelbarem Verständniss und Gefühl liebevoll arbeitende Hand. Diese Vorzüge treten am Originale in dem schönen Material des parischen Steins noch ungleich mehr hervor, als nicht nur in einer Abbildung, sondern selbst auch im Gipsabgusse. Ich stehe nicht an, in diesem Kopfe eine der besten uns erhaltenen Marmorarbeiten voll Geist und Originalität zu erkennen, und zwar eine Arbeit, um das gleich auszusprechen, von attischer Hand.

---

1) n. 38 in der Uebersicht der im Museum zu Kassel befindlichen wichtigsten Antiken vom J. 1843.
2) Vergl. den Dresdener Kopf: Becker Augusteum Taf. LVII. 1. [Dieser Dresdener Kopf ist in der That eine Wiederholung. Vergl. auch Helbig im Bull. dell' inst. di corr. arch. 1869, S. 75.]

Je mehr wir beide Köpfe, diesen Kasseler und den Bologneser, vergleichen, desto stärker tritt uns, ganz abgesehen von dem eben betonten verschiedenen Werthe der Ausführung beider, in allem Ganzen und Einzelnen eine tiefliegende Verschiedenheit entgegen, eine Verschiedenheit, die stilistischer Art ist. Die zwei Köpfe gehören verschiedenen Zeiten, verschiedenen Schulen, verschiedenen Künstlern an, und keine Frage ist es, dass der Kasseler Kopf den Stempel einer weit entwickelteren Kunstweise trägt. Die grössere Leerheit der Formen von I mag theilweise auf Rechnung des Kopisten kommen, theilweise gehört sie aber zu der strengeren, einfacheren Art, in der jener Kopf gearbeitet ist. Anstatt der Sprödigkeit der Gesichtsform mit ihren grossen Flächen bei I ist bei II eine äusserst weich bis in die kleinsten Bewegungen der Form hinein durchgeführte Modellirung getreten; glaubten wir bei I an ein ursprüngliches Aufsetzen von Farben, so ist II im Marmor selbst malerischer behandelt. An I ist jede Haarlocke in ihrer welligen Lage mit grosser Zierlichkeit ins Einzelne hinein und mit sichtlichem Wohlgefallen an den feinen Linienspielen ausgearbeitet — selbst vom Kopisten noch, während bei II mehr auf die Gesammtwirkung des Haars hingearbeitet ist; die einzelnen Locken und Löckchen machen sich nicht so für sich mehr geltend; dann ist an die Stelle sorgfältiger Scheitelung und Ordnung bei II vielmehr etwas Ungeordnetes oder doch Ungezwungeneres getreten. Die Schwierigkeit, die Gesammtheit des Haars in seiner Eigenthümlichkeit plastisch darzustellen, ist bei II besser überwunden; das Haar giebt sich als solches mit aller Naturwahrheit, man fühlt förmlich, wie die Binde sich in die weiche Lockenfülle hineingelegt hat. Die Binde selbst ist hier nicht so leer wie bei I, sie ist wenigstens durch zwei Saumstreifen in der plastischen Ausarbeitung geziert, während bei I vermuthlich die Malerei dafür hatte eintreten müssen. Und nun der Gesichtsausdruck beider Köpfe! Schon die Haltung weicht bei dem einen vom andern ab; I sieht ziemlich grade vor sich hin, II ist sehr merklich auf die rechte Seite geneigt, und gewiss richtig hat der Ergänzer diesen Kopf auch nach vorn gesenkt hinblicken lassen. Es ist, wie man sagt, weniger Stimmung in I, er scheint fast gleichgültig, während durch den Kasseler Kopf ein stark ausgesprochen gefühlvoller Zug hindurchgeht. Dem zum Ausdrucke dient schon die Senkung und Seitwärtsneigung des Kopfes, dieser Zug liegt dann aber weiter in dem leise geöffneten Munde, der bei I einfach geschlossen bleibt, vor Allem in der zarten Hebung der linken Seite der Oberlippe. Hier versagt leicht eine jede Abbildung. Dass ein solches Hineinarbeiten eines, wenn auch noch so maassvollen, Anklanges an Gefühlsstimmung, wie es am Kasseler Kopf stattgefunden hat, ein Schritt hinaus über die geistige Gefasstheit und Unerregtheit des Bologneser Kopfes, der auch sonst ja alterthümlichere Formenbehandlung zeigt, ist, hat die eingehendere Betrachtung der geschichtlichen Entwickelung des Ausdruckes in den griechischen Kunstwerken wohl zu einer leicht allgemein zugestandenen Behauptung gemacht. Ein letzter Schritt in dieser Richtung sind die gewaltsamer pathetisch bewegten Köpfe der Diadochenzeit z. B. der sog. sterbende Alexander in Florenz; den Ausgangspunkt bilden die gleichmüthig starren oder nur eben durch ein Lächeln belebten Köpfe von Statuen wie der Apoll von Tenea.

Müssen wir also im Bologneser Kopfe eine ältere, im Kasseler eine entwickeltere griechische Kunst erkennen, — denn eine Ansetzung in römische Zeit ist bei beiden ganz ausgeschlossen –, so habe ich vorweg schon die Weise des Kasseler Kopfes kurzhin als attisch bezeichnet und zwar würde ich an die Zeit nach Phidias bis gegen den Uebergang zur jüngeren attischen Schule hin denken, bis in die Zeit, um an ein bestimmtes Werk anzuknüpfen, etwa der Eirene mit dem Plutoskinde von Kephisodotos, die wir jetzt in der Münchener früher sogenannten Leukothea[1] wenigstens im Nachbilde uns erhalten wissen.[2] Ueber den weichen seelenvollen Zug im Gesichte dieser Münchener Statue, der auch im Kasseler Kopfe anklingt, haben Friederichs[3] und Brunn sich treffend geäussert. Mit einer solchen annähernden Bestimmung der Entstehungszeit des Kasseler Kopfes würde es nun sehr wohl stimmen, wenn wir den Bologneser Kopf dem von Brunn als Hera des Polyklet gedeuteten Neapler Frauenkopfe seiner Entstehungszeit nach annähern dürften. Ich halte in der That eine solche Zeitbestimmung beider Köpfe für die wahrscheinlichst richtige, wenn ich auch den Beweis, dass der Neapler Kopf wirklich grade der der Polykletischen Hera sein müsse, nicht als geführt ansehen kann.

Eine neueste kunstgeschichtliche Hypothese, die auf sorgfältige Beobachtung gegründet aufgestellt und von den meisten Mitforschern mehr oder weniger ausdrücklich als das Richtige treffend anerkannt ist, macht es mir unmöglich, mit meiner Besprechung des Kasseler Kopfes hier inne zu halten oder mich etwa damit zu begnügen, den von mir kurzweg behaupteten attischen Charakter dieses Kopfes noch weiter durch Vergleichungen auch Andern zum Bewusstsein zu bringen. Ich gerathe wenigstens mit solchen Vergleichungen sofort in den Bereich jener Hypothese, und der Kasseler Kopf kann kaum als attisch oder wenigstens nicht als durchaus original attisch anerkannt werden, wenn die Hypothese richtig ist. Ich muss desshalb etwas weitläufiger das Eine zu erweisen und zugleich das Andere zu widerlegen suchen. Wem dabei in meinen Auseinandersetzungen die Bündigkeit zu mangeln scheint, den bitte ich zu bedenken, dass wir uns hier in einem noch wenig aufgehellten Dämmerlichte bewegen, in dem man noch immer halb tastend nur erst unsichere Schritte wagt.

Die Hypothese, welche ich meine, ist die von meinem Freunde Friederichs[4] zuerst öffentlich ausgesprochene und vertheidigte Zurückführung einer bestimmten in verschiedenen Exemplaren zu Neapel, Florenz (2), Rom (3),[5] Kassel[6] uns erhaltenen

---

1) Gerhards arch. Zeit. 1859, Taf. CXXI. CXXII.
2) Brunn über die sog. Leukothea. München 1867.
3) Berlins antike Bildwerke I, s. 411, S. 229.
4) Der Doryphoros des Polyklet. 23. Berliner Winckelmannsprogramm. B. 1863. — Berlins antike Bildwerke I, S. 118 f. u. 236.
5) wenn wir zwei von Helbig im Bull. dell' inst. di corr. arch. 1864, S. 30 angeführte Exemplare mitrechnen.
6) Welckers Zeitschrift für Gesch. u. Ausl. der alten Kunst I, S. 186 ff. Landon annales du musée Taf. 21 soll eine Abbildung geben.

Statue auf ein Original des Polyklet. Friederichs nimmt an, dass diese Statue, deren Berühmtheit im späteren Alterthume jedenfalls die vielen erhaltenen Kopieen bezeugen, der berühmte Doryphoros von Polyklet ist, eine Statue, die bei späteren Künstlern zu einem gewissen kanonischen Ansehen in Bezug auf ihre Körperverhältnisse gelangt sein muss, die aber nach einer Aeusserung Plutarchs[1] ursprünglich die Statue eines bestimmten Athleten gewesen sein kann, dessen Namen aber späterhin nicht mehr bekannt war, die man dann also den Doryphoros schlechthin oder auch, als sie zu einem Proportionsmuster für die Künstler wurde, den Kanon[2] nannte, so wie man also heute beispielsweise unbekümmert um die dargestellte Person vom Violinspieler Raphaels spricht. Keines der Exemplare der Statue, welche Friederichs nun für den Doryphoros Polyklets erklärt, ist als Doryphoros mit dem Speere in der Hand erhalten; aber eine Ansatzspur am Kopfe des Neapler Exemplars stimmt wohl zu der Annahme, dass sie so zu ergänzen seien: die linke Hand fehlt ihnen allen. Die müsste den Speer geschultert gehalten haben; eine Gemme des Berliner Museums,[3] auf der das ganze Motiv sich findet, ist von Friederichs nachträglich[4] als Bestätigung seines Ergänzungsvorschlages geltend gemacht. Ich will dieses als richtig zugeben; das Original der verschiedenen übereinstimmenden Statuen war höchst wahrscheinlich ein Doryphoros.

Weiter kommen wir nun aber an einen Scheideweg. Brunn hat den Neapler Frauenkopf für eine Kopie nach Polyklets Hera, Friederichs die Neapler Statue und ihre Wiederholungen für Kopieen nach Polyklets Doryphoros erklärt. Man hat mehrfach Beides als richtig angenommen. Ich muss aber die bestimmte Forderung stellen, Eines von Beiden aufzugeben. Hat Brunn die Hera richtig erkannt, so irrt Friederichs, hat Friederichs den Doryphoros Polyklets wieder entdeckt, so hat der Neapler Kopf Nichts mit Polyklet zu thun. Man sollte glauben, es brauchte nur ausgesprochen zu sein, um sofort zugestanden zu werden, dass die stilistischen Eigenthümlichkeiten des Brunnschen Kopfes und der Friederichsschen Statuen so weit auseinandergehen, dass an eine Entstehung beider Werke in einer Zeit oder zugleich auch aus einer Schule oder gar von ein und demselben Künstler nicht zu denken ist.[5] Wie ein im Stile zu

---

1) Praec. ger. reip. 27: — μὴ δεἴσθαι χρηματίζειν ἡμᾶς ἢ πλουτοτέρων ἢ μαλακωτέρων, ἐν οἷς καὶ τὸ εὐδαιμονεῖν ἀλλότριόν ἐστι. Ἐκαστείῳ γὰρ οὐχ ὁ γίγνεται, ἀλλ᾽ ἀφ᾽ οὗ γίγνεται ὁ ἀνδριαντικὸς καὶ ὁ δορυφόρος. Hier ist Polyklets δορυφόρος κατ᾽ ἐξοχὴν gemeint; der ἀνδριαντικός ist das bei Plin. (n. h. 35, 130) mit den Worten „tubicenque inter pauca laudatum" erwähnte Gemälde von Antidotos.

2) Die Identität von Doryphoros und Kanon nehme ich als nach den beiden Stellen bei Quint. V. 12. 21 und bei Cic. Brut. 86, 296 kaum zu bezweifeln (Blümner archaeol. Stud. zu Lucian S. 23) hier durchweg an. Dagegen kann die handschriftliche Ueberlieferung bei Plinius sich nicht halten.

3) IV. Klasse, 249.

4) Berlins antike Bildwerke 1, S. 551, Nachtrag zu N. 96.

5) Kekulé (Hebe S. 64) behauptet freilich sogar mit Berufung auf die mitgetheilten Maasse, deren Beweiskraft ich in diesem Falle aber nicht einzusehen gestehe, ausdrücklich die Uebereinstimmung des Brunnschen Herakopfes und des Friederichsschen Doryphoroskopfes. Auch Wachsmuth (Rhein. Mus. N. F. XXIII, S. 193) nimmt beide Werke als erwiesen Polykletisch an.

dem Neapler sog. Junokopfe passender jugendlich männlicher Kopf etwa aussehen muss, das zeigt unser Bologneser Kopf (Taf. I), dessen gänzliche Verschiedenheit vom Kopfe des Friedrichsschen Doryphoros die Vergleichung deutlich macht. Wenn einmal durchaus eines von jenen beiden Werken Polyklet angehören soll, so kann das meines Erachtens nur der Neapler Frauenkopf sein, ohne dass ich freilich, wie gesagt, auch Dieses für eigentlich erwiesen halten könnte.

Lassen wir jetzt aber einmal den Herakopf fallen und folgen wir Friederichs in seiner Doryphoros-Hypothese, so werden wir bei weiterer Umschau darauf aufmerksam, und dadurch wurde uns hier diese Frage in den Weg geworfen, dass es unter den uns erhaltenen Antiken eine grosse Anzahl zunächst von Köpfen giebt, in denen sich die Grundzüge der Bildung des Friederichsschen Doryphoroskopfes wiederholen, die mit ihm in eine Klasse zu setzen sind, mit ihm auf einem gemeinsamen Entstehungsgrunde ruhen müssen.

Ich nenne voran den Neapler Bronzekopf von Apollonios, Archias Sohne aus Athen, den bereits Friederichs[1] mit entschiedenem Rechte als eine Wiederholung des Kopftypus seines Doryphoros angeführt hat. Es ist bekannt, dass diese athenischen Künstler in Rom vielfach ältere Originale nachbildeten.[2] Auf drei zugehörige Köpfe in Rom und Neapel hat Helbig[3] aufmerksam gemacht, zwei haben Benndorf und Schöne im Lateran[4] bemerkt, verschiedene lassen sich in der Eremitage zu Petersburg[5] zusammenfinden, einer ist in den Specimens of antient sculpture[6] abgebildet. Die Bronzestatuette eines nackten Epheben früher in der Privatsammlung der Königin Amalie, jetzt im Kultusministerium zu Athen,[7] die angeblich aus dem Peloponnese herrühren soll, hat völlig einen Kopf dieser Klasse. Ich habe mich bei gemeinsamen Betrachtungen mit andern Studiengenossen überzeugen können, dass über die Zugehörigkeit eines Kopfes zu der einen grossen Familie, so zu sagen, für ein einigermassen geübtes Auge selten ein Zweifel besteht; nur darüber gehen die Ansichten auseinander, wo der Ursprung dieser jedenfalls auf einen Ursprung wenigstens in Bezug auf Schule und nicht zu sehr auseinanderliegende Entstehungszeit zurückzuführenden Arbeiten zu suchen ist. Die mehrfach wiederholte Statue eines sich salbenden Athleten rechnet Friederichs[8] zu den Polykletischen Werken, während für mich wenigstens die Köpfe des Turiner[9] Exemplars und eines andern

---

1) Berlins antike Bildwerke I, S. 119, n. 97.
2) Brunn Gesch. der gr. Künstler I, S. 563.
3) Bull. dell' inst. di corr. arch. 1864, S. 30.
4) Die antiken Bildw. des lateranens. Mus. S. 170, n. 254. S. 349, n. 491.
5) s. R. Marmorwerke n. 83. 179. Verwandt auch n. 28.
6) I, taf. 30
7) Bursian in Gerhards arch. Zeit. 1855, S. 56.* Einen Abguss derselben schenkte Benndorf dem archaeologischen Museum der Universität zu Halle. [Jetzt abgebildet Mon. ined. dell' inst. di corr. arch. VIII, tav. LIII und besprochen von Kekulé Annali dell' inst. di corr. arch. 1868, p. 316 ff. Sikyon scheint der Fundort zu sein.]
8) Berlins antike Bildw. I, S. 119, n. 98.
9) Gerhards arch. Anz. 1867, S. 77,* n. 1193.

in Petworth[1] wie die sämmtlichen bisher aufgezählten Stücke attisch sind oder, um mich vorsichtiger auszudrücken, in ihren charakteristischen Eigenheiten mit sicher attischen Arbeiten übereinstimmen und zwar mit attischen Arbeiten aus der Zeit von Phidias an bis herab an die Grenze etwa der jüngeren attischen Schule.

Ein besonders charakteristisches Abzeichen der Köpfe der erwähnten Klasse liegt in der Form des Schädels in seiner Profilansicht. Er ist von hinten nach vorn lang und obenauf ziemlich platt, er fällt hinten ebenfalls in ziemlich grader Linie ohne sehr merkliche Nackeneinbiegung ab und ähnlich gradlinig setzt sich wiederum die Stirn von dem oberen Schädelumrisse ab, so dass der ganze Schädel im Profil etwas lang Viereckiges hat. Diese Formation zeigt nun auch der Kasseler Kopf; die Bildung wird in ihrer Eigenart sofort noch deutlicher durch den Vergleich mit der gerundeteren Form des Bologneser Kopfes, der dieser ganzen Klasse von Köpfen dann auch sonst durchaus fremd ist. Ganz dieselbe viereckige Kopfbildung zeigt aber der sog. Theseus aus dem Ostgiebel des Parthenon; danach nenne ich sie attisch.

Eine weitere Familienähnlichkeit, diese freilich nicht so einfach zu demonstriren wie jene Schädelform, liegt bei den betreffenden Köpfen im Gesichte. Ich muss hier die Vergleichung wo möglich an Abgüssen anheimgeben; das Aufzählen von Einzelheiten nützt wenig; es handelt sich um den physiognomischen Gesammteindruck. Mehr oder weniger durchgehend tritt dabei im Zusammenhange mit einer leisen Wendung des Kopfes und einer oft ziemlich auffälligen Schiefheit in den sich entsprechenden Gesichtstheilen jene Anfangs bei Beschreibung unsres Kasseler Kopfes als so besonders ausdrucksvoll hervorgehobene weiche Hebung der Oberlippe an einem Mundwinkel hervor. Am Kopfe der Friederichsschen Doryphorosfigur ist sie noch kaum angedeutet, am Kasseler Kopf spricht sie sich stark aus; Benndorf und Schöne beschreiben im Lateran[2] einen Kopf als ziemlich übereinstimmend mit den „Doryphoros-Köpfen", doch mit einem trüben, beinahe schwermüthigen Ausdrucke. In dieser Beziehung ein Mehr und Weniger kann sonst zusammengehörende Werke nicht auf verschiedenen Ursprung zurückzuführen berechtigen; es ist sicher, dass im Hineinarbeiten dieses leisen Wehes, welches zuletzt so ungemein anziehend wirkt, die Kunst allmälig weiterging, dass etwas so Feines das eine Mal stärker, das andre Mal schwächer zum Ausdrucke kam. Ich muss aber diese ganze Gesichtsbildung und -stimmung wiederum für attisch halten, indem ich mich auf die Köpfe zahlreicher Grabreliefs, auf den Kopf der Eirene in München als sicher attische Werke mit dieser Eigenthümlichkeit berufe.

Im Gesichte stimmt mit dem Kasseler Kopfe noch ein in zahlreichen Wiederholungen uns erhaltener Kopf überein, dessen Schädelbildung, durch einen Helm verdeckt, sich nicht zur Vergleichung ziehen lässt. Es ist der bald Achilleus bald Mars genannte

---

1) Gerhards arch. Anz. 1864, S. 259.* Zu einer zuversichtlichen Beurtheilung dieser jedenfalls wichtigen Figuren fehlt es noch an allen Vorbedingungen; weder Abgüsse noch Abbildungen sind vorhanden.
2) Die antiken Bildw. des Laterans. Mus. S. 170, n. 254.

Kopf,[1] der wiederum übereinstimmt mit dem Kopfe der ebenfalls bald Achilleus bald Mars genannten Borghesischen Statue im Louvre.[2] Diese Statue im Louvre vermag ich nun andrerseits wiederum auch ihrer Eigenthümlichkeit, ihren Proportionen[3] nach nicht von den Statuen zu trennen, in denen Friederichs den Doryphoros wiederfindet. Am wenigsten kann ich die Borghesische Statue und damit zugleich die erwähnten Einzelköpfe, wie Friederichs thut,[4] für römischen Ursprungs halten. Römische Kopistenarbeiten sind sie, aber nach älter griechischen und zwar attischen Originalen. Etwas Aeusserliches ist bei diesen Köpfen wiederum attisch, der Helm, der in Form und Verzierung vom Helme der Parthenos des Phidias abstammt, sich auch ähnlich an einem freilich ohne Grund Miltiades genannten aber gewiss attischen Portraitkopfe[5] wiederfindet. Da ich auf attische Portraitköpfe geführt werde, so darf ich wohl noch erwähnen, dass mir die zwei auf der Stirnhöhe sich theilenden Haarlocken an einigen dieser Portraitköpfe mit verwandtem Geschmacke wie an Friederichs' sogenanntem Doryphoros Polyklets angeordnet scheinen.

Wenn ich also in der von Friederichs für polykletisch gehaltenen Statue durchaus Nichts vom attischen Stile wesentlich Verschiedenes finden kann, wenn sie mich vielmehr nach dem Eindrucke, den mir vieljährige Betrachtung zum Maasstabe gegeben hat, rein attisch anmuthet, so ist es mir damit unmöglich gemacht, bei ihnen weiter an Polyklet zu denken. Ich müsste sonst vorher meine gesammte Vorstellung vom Gange der älteren griechischen Kunstentwicklung ändern. Bis jetzt ist es mir durchaus unwahrscheinlich, dass Polyklet, der mit seinen Leistungen doch den Gipfelpunkt der altargivischen Kunstthätigkeit gebildet zu haben scheint, von der neben der argivischen damals zuerst auf die höchste Höhe emporsteigenden attischen Kunstweise des Phidias und seiner Nachfolger nicht ganz wesentlich verschieden gearbeitet haben sollte. Wie scharf noch nach den Perserkriegen die lokalen Hauptkunstschulen in grösster Verschiedenheit neben einander standen, wird man ermessen, wenn man die letzthin noch wieder von Brunn[6] auf

---

1) In Dresden (Becker Augusteum taf. 35), in der Eremitage (Kat. n. 171), in München (Friederichs Berlins antike Bildw. I, n. 72). Brunn Kat. der Glyptothek n. 91), im Museum Worsleyanum (Gerhards arch. Anz. 1864, S. 216*), in der Blundellschen Sammlung (Specimens of ant. sculpt. II, taf. 19), im Campo Santo zu Pisa. Siehe Stephani im Compte rendu de la comm. arch. de l'acad. de St. Petersbourg 1864, S. 123. Ein Fragment in der Ambraser Sammlung zu Wien.

2) Ueber ihn zuletzt Urlichs im Winckelmannsprogramm des Vereins von Alterthumsfr. im Rheinl. 1867, S. 34 ff. Friederichs Berlins antike Bildw. I, S. 436, n. 720. Ist er ein Ares, so kann man immer noch an den des Alkamenes als das Original denken; Urlichs vertheidigt wieder die Benennung Achilleus und hält dann Silanion für den Künstler des Originals.

3) Polykletische Proportionen fand in ihr z. B. O. Müller Handbuch der Archaeol. § 413, 2, wozu Welcker ein Fragezeichen setzte. S. auch § 332, 2.

4) Berlins antike Bildw. I, S. 437. Die Wölfe am Helme, das Symbol des römischen Mars werden dafür geltend gemacht. Stephani hat mir aber an dem Petersburger Exemplare des Kopfes bei diesen Thieren deutlich Halsbänder gezeigt, so dass es vielmehr Hunde wären.

5) Visconti Iconografia greca I, taf. 13. Vergl. Archaeol. Zeitung 1868, S. 1 f.

6) Sitzungsberichte der königl. bair. Akad. d. Wissensch. philos.-philol. Kl. 4. Mai 1867.

das Beste befürwortete Entstehung der Aiginetischen Giebelstatuen nach dem Siege von Salamis zugieht und die dann wenn auch etwas jüngeren Parthenonskulpturen mit ihnen zusammenhält.

Ich kann nicht umhin, hier auch die Analogie der allgemeinen Entwicklungsgesetze, die wir in der neueren Kunstgeschichte klar verfolgen können, zur Ausfüllung unserer lückenhaften Ueberlieferung der alten Kunstgeschichte mit herbeizuziehen. Am Ende des 15. und im ersten Anfange des 16. Jahrhunderts, also in der der Periode des Polyklet und Phidias analogen Zeit zeigen sich grade die führenden, mit selbständiger Genialität und Energie vorausschreitenden Künstler der einzelnen italiänischen Kantone, wenn sie auch vielfach mit einander in Berührung kamen, dennoch ein Jeder in hohem Grade eigenartig, so Leonardo neben Raphael, wenn auch beide durch die Florentinische Schule gingen. In einem analogen Verhältnisse müssen auch Polyklet und Phidias gestanden haben; Polyklet kann meines Erachtens nicht, mag er immerhin mit Phidias in einer Schule gelernt haben, in seinen Idealen, in seiner Formengebung dem Phidias so gleichartig gewesen sein, dass sein Doryphoros ganz in den attischen Formen der Schule des Phidias uns entgegentreten könnte, wie mir die von Friederichs dem Polyklet zugeschriebene Statue entgegentritt. Hätten beide Künstler so erstaunlich gleichartig gearbeitet, so würde vielleicht sogar ihre epochemachende Bedeutung mit Unrecht behauptet sein und ihr Lehrer Ageladas, wozu uns Nichts berechtigt, als ein tonangebender Meister aus dem Dunkel hervorzuziehen sein. Um noch einen und einen etwas stärker gewählten Vergleich aus der neueren Kunstgeschichte zu entnehmen, so scheint mir anzunehmen zu sein, dass Polyklet neben Phidias stand, fast wie Dürer neben Raphael. Wie in den beiden letzteren die deutsche und italiänische Weise sich auf ihre höchste Höhe erhob, die deutsche in meisterhafter Vollendung und doch überholt und für die Weiterentwickelung zurückgedrängt von der italiänischen, so hoben sich in Polyklet die peloponnesische Kunst in Argos und in Phidias die attische Skulptur zum Gipfel, wie ich voraussetze, sehr bestimmt eigenartig eine jede, die argivische Weise dann aber überholt und für die Weiterentwicklung zurückgedrängt von der attischen. Bald wurde attisch im Peloponnes gearbeitet wie italiänisch nach Raphael in Deutschland. Hiermit ist zugleich zugestanden, dass Polyklets Werke bei aller Vollendung um ein Kleines hinter dem höchsten Gelingen in Phidias Arbeiten zurückgestanden haben werden; dem entsprechen die Urtheile der Alten, die bald in Polyklet den grössten Meister sahen, bald doch wieder einen Schatten von Mangelhaftigkeit auf ihn warfen.[1] Ich kann mich nach dem Gesagten nicht dafür erklären, in der Darstellung der griechischen Kunstgeschichte Polyklet, wie üblich ist, erst hinter Phidias einzureihen.

Nur wenige Mitforscher haben sich gegen Friederichs Doryphoros-Hypothese erklärt, Petersen in Gerhards arch. Zeitung 1861, S. 130 ff. und wenigstens zweifelnd

---

[1] Plin. n. h. 34, 55. Quintil. inst. orat. 12, 10, 7. Cicero Brutus 18, 70. Die Stellen bei Overbeck die antiken Schriftquellen zur Gesch. der bild. Künste bei den Griechen. S. 137 f.

Bursian im Litterar. Centralblatt 1864, n. 15, S. 318.¹ Beide haben daran Anstoss genommen, dass eine so herkulisch ausgewachsene Gestalt wie die Florentiner Statue und ihre Wiederholungen dann bei Plinius als *puer* bezeichnet sein müsste, welches Wort vielmehr eine jugendlichere Bildung voraussetzen liesse. Ich will aber zugeben, dass Friederichs auf diesen Einwand erledigend geantwortet hat.² Ferner hat Petersen die mehr schreitende als stehende Stellung der vermeintlichen Doryphorosstatue als gegen eine Zurückführung auf Polyklet sprechend geltend gemacht. Hierin hat er in meinen Augen Recht, doch kann ich ihm nicht zugeben, dass desshalb die fragliche Statue erst in die Kaiserzeit zu setzen sei. Ich muss hierzu noch ein Bedenken gegen die Friederichssche Hypothese anführen. Lukian, ein Mann anerkannt feinen Blickes für Formen und dem eine reiche Kenntniss von Kunstwerken zu Gebote stand, hat in seiner Schrift über den Tanz³ sich auf den Doryphoros des Polyklet bezogen. Er will den Körper eines Tänzers, wie er sein soll, schildern, er soll nicht zu hoch und nicht zu klein, nicht zu fleischig und nicht zu mager sein, in Allem die rechte Mitte halten und, um mit einem Worte zu sagen, wie er sein soll, nennt er einfach die berühmte Polykletische Statue; so solle ein Tänzer gewachsen sein. Wie passt das, wenn die Statue, welche Friederichs dafür hält, jene Polykletische ist? Dieser breite schwere Körper, der in entwickelter Muskelfülle über gewaltigem untersetztem Knochengerüste auftritt, eine der wuchtigsten Mannesgestalten der alten Kunst, in seiner ganzen Erscheinung eben ein Athlet aber nie ein Tänzer. Es wird mir schwer einen Mann wie Lukian einer so sehr fehlgreifenden Herbeiziehung eines derartigen Beispiels für fähig zu halten.

Der Kasseler Kopf führte uns auf diese ganze Meinungserklärung. Ihn wie den Friederichsschen Doryphoros stelle ich also zu den attischen Werken. Friederichs hat selbst erwähnt,⁴ dass es auch von Kresilas, den Brunn⁵ mit gutem Grunde den attischen Künstlern anreiht, einen Doryphoros gab. Diesen für das Original der besprochenen Kopieen in Florenz u. s. w. zu halten ist mir das Wahrscheinlichste und ich werde durch die Vergleichung der in mehren Exemplaren erhaltenen verwundeten Amazone des Kresilas⁶ davon nicht zurückgebracht.

Ich komme zum Schlusse noch einmal auf den Kasseler Kopf zurück. In mündlicher Mittheilung bin ich sowohl von Launitz als auch von Benndorf darauf aufmerksam

---

1) Ausdrücklich zugestimmt haben Helbig (bull. dell' inst. di corr. arch. 1864, S. 29 ff.), Migliarini (ib. S. 158 f.), Kekulé in seinem Buche über Hebe, Benndorf und Schöne im Verzeichnisse der antiken Bildwerke des lateranensischen Museums an mehren Stellen; Schöne (bull. 1866, S. 70 f.) hat auch die Minerva Albani zur Vergleichung herbeigezogen und in ihr das Polykletische Profil wiedergefunden. Die Statue wird er damit wohl nicht für polykletisch erklären wollen.

2) Gerhards arch. Zeit. 1864, S. 149 f

3) 75.

4) Der Doryphoros des Polyklet. S. 8.

5) Gesch. der griech. Künstler I. S. 260 ff.

6) O. Jahn Berichte der königl. sächs. Gesellsch. der Wissensch. zu Leipzig 1850, S. 40 ff.

gemacht, dass die seitwärts abstehenden und wie schon angegeben abgebrochenen Enden der hinten zusammengeknüpften Kopfbinde wohl darauf führen können, die Statue habe die eben umgelegte und zusammengeknüpfte Binde mit beiden Händen angefasst gehalten, sie sei ein Diadumenos gewesen. Es war das bekanntlich ein beliebtes und in der That sehr schönes Motiv der antiken Kunst.[1] Wer nun mit Friederichs die Florentiner Statue und ihre Wiederholungen für den Doryphoros des Polyklet hält, wird bei diesem verwandten Kopfe vielleicht auch an den Diadumenos des Polyklet[2] denken wollen. Ich kann das nach dem Gesagten nicht. Uebereinstimmend mit der früher farnesischen Statue, die jetzt im britischen Museum ist und die man herkömmlicher, deshalb aber nicht berechtigter Weise noch auf Polyklets Original zurückzuführen pflegt,[3] ist unser Kasseler Kopf, so weit ich mich bei freilich ungenügenden Hülfsmitteln im Augenblicke überzeugen kann, keineswegs.[4] In der Antikensammlung des Baron de Janzé zu Paris befand sich, jetzt wohl im Cabinet des médailles daselbst, eine kleine Bronze eines Diadumenos, sehr verwittert, aber sehr anmuthig in der Bewegung. Ich habe sie nach einer sehr ungenügenden Vorlage in einem andeutenden Umrisse auf dem Titelblatte dieser Arbeit abbilden lassen, weil sie den bei der Bewegung des Umbindens sich leise seitwärts und noch vorn über neigenden Kopf, so wie der Kasseler bewegt ist, zeigt. Ich erwähne endlich noch, dass nach Benndorfs Mittheilung, der mir auch einen Gipsabguss zur Vergleichung gebracht hat, sich in Steinhäusers Besitze ein leider im Gesichte stark verstümmelter Marmorkopf befindet, welcher nicht genau aber doch so sehr mit dem Kasseler übereinstimmt, dass an einem Zusammenhange beider nicht zu zweifeln ist. Eine Veröffentlichung dieses Steinhäuserschen Kopfes und eine Verfolgung der hier sich eröffnenden Fragen dürfen wir demnächst von Benndorf erwarten.

1) Ich nenne nur zwei attische Darstellungen: Ὁ παῖς ὁ ἀναδούμενος ταινίᾳ τὴν κεφαλὴν von Phidias in Olympia (Paus. VI. 4. 5.) und der Ἰταλιώτης ἀναδούμενος ταινίᾳ τὴν κόμην am Areostempel in Athen (Paus. I, 8. 5).

2) Plin. n. h. 34. 55. Lucian Philopseudes 18.

3) Overbeck Gesch. der griech. Plastik I, S. 366. Triqueti (the fine arts quarterly review 1865, S. 215) hat mit seinen nicht sehr zutreffenden Angaben keinen Beweis geführt. Einige Vergleichungen bei Benndorf und Schöne die antiken Bildw. des lateranens. Mus. S. 80 f.

4) Die mir von A. S. Murray mitgetheilten Maasse des Kopfes der ehemals farnesischen Statue stimmen nicht mit denen des Kasseler Kopfes überein.

Tafel III—V (VI—VIII).
Apollostatue in Athen.

Die auf Taf. III—V in drei Ansichten abgebildete männliche Statue von weissem, wahrscheinlich pentelischem Marmor ist bei der Fortsetzung der von Stark so glücklich begonnenen Ausgrabung des Dionysischen Theaters zu Athen gefunden, sehr zertrümmert zwar, doch hat sich aus den Stücken die ganze Figur bis auf die Unterarme und Hände und bis auf die Füsse und einige kleinere Schäden wieder zusammensetzen lassen. Die verschiedenen Brüche und fehlenden Stücke der Figur hat Benndorf auf meine Bitte folgendermaassen verzeichnet: Gebrochen ist der Hals dicht unter dem Kinne, der rechte und linke Oberarm, der linke Oberschenkel zwei Mal, der rechte sowohl als auch der linke Unterschenkel beide auch zwei Mal. Die Nase ist mit einem Theile des Mundes aus dem Gesichte offenbar auf einen Schlag, wahrscheinlich beim Sturze der schweren Statue, herausgebrochen; sonst ist der Kopf bis auf einige Lockenenden gut erhalten. Ganz fehlen die Unterarme mit den Händen und die Füsse, wie die Abbildung es zeigt; auch der Geschlechtstheil ist abgebrochen. Ausserdem sind noch mehre kleinere Stücke nicht wiedergefunden, ein Stück am linken Schulterblatte, eins unter dem linken, ein kleineres unter dem rechten Glutaeus, eins vorn am rechten, ein kleineres am linken Oberschenkel, eins in der Höhle des rechten Knies. Bemerkenswerth für die Richtung der verlornen Armtheile ist der erhaltene Ansatz einer Stütze unter der linken Hüfte (s. die Abb. Taf. IV und Taf. V, n. 1) und ein gleicher unter der rechten Hüfte. Am rechten Beine zieht sich ferner seitwärts nach aussen, doch ein wenig nach hinten zu, wie Taf. V, n. 3 besser noch als Tafel IV zeigt, ein langer schmaler abgebrochener Ansatz hinunter, wie von einem Attribute, das die rechte Hand gehalten haben könnte, oder von einer zu einem solchen Attribute hingehenden Stütze.[1]

---

[1] Höhe der Figur die fehlenden Füsse mit veranschlagt etwa 1,76 M. Der Körper hat über 7 Kopflängen. Abstand der innern Augenwinkel 0,035, der äusseren 0,09. Mundbreite 0,042. Längsdurchmesser des Schädels 0,21. Abstand der Ohrläppchen von einander 0,123. Abstand der Brustwarzen 0,293. Von der Kommissur des Schlüsselbeins bis zum Nabel 0,403. Vom Nabel bis zum obern Rande des Schamhaars 0,15. Brustbreite von Achselhöhe zu Achselhöhe c. 0,37. Vom Nabel zur linken

Die erste Nachricht vom Funde der Statue gab Pervanoglu im Bull. dell' inst. di corr. arch. 1862, S. 168 f.; er sagt, sie sei in elf Stücken zusammengesucht. Vermuthungsweise fügt er hinzu, dass ein auch bei denselben Ausgrabungen im Theater gefundener Omphalos die Basis der Statue gewesen sein könne. Dieser Omphalos, mit Binden dicht überdeckt, ist oben platt abgeschnitten und diente sicher als Basis für eine Statue und zwar gewiss eine stehende nackte männliche; das zeigen unzweifelbaft die auf seiner oberen Fläche erhaltenen Ueberreste und Spuren zweier Füsse (s. Taf. V, 2). Es lässt sich auch erkennen, dass von beiden Füssen der rechte der des Standbeins der Figur war. Dieses und auch die Grösse der Fussspuren auf dem Omphalos, so weit sie sich noch messen lässt, stimmt wohl zu der gefundenen Figur.

Der zweite Berichterstatter über den, wie man gleich Anfangs in Athen sah, interessanten Fund, U. Köhler, nimmt (Bull. dell' inst. di corr. arch. 1865, S. 131) nach neuer Untersuchung der betreffenden Stücke Pervanoglus Vermuthung, die gefundene Figur habe ursprünglich auf dem Omphalos gestanden, als sicher richtig an. Auch Benndorf, der später auf meine Bitte die inzwischen in dem Theseustempel untergebrachten Originalstücke daraufhin ansah, erklärte den Marmor von Omphalos und Statue für allem Anscheine nach denselben und die Zusammengehörigkeit als nicht zu bezweifeln. Ist dem nun wirklich so, so gehört der lange schmale Ansatz am rechten Beine der Statue sicher zu keinem etwa zur Seite als Stütze angebrachten Baumstamme; denn von einem solchen ist auf der hier unversehrten Oberfläche des Omphalos an dieser Stelle neben dem rechten Fusse keine Spur. Die Oberfläche des Omphalos (s. die Abb. Taf. V, n. 2) ist sonst um den linken Fussrest her durch spätere Zerstörung angegriffen; in einem horizontalen walzenförmigen Loche soll noch der Rest eines eisernen Dübels festsitzen.

Die zwei erwähnten Berichte in Bullettino des archaeol. Instituts, namentlich der von Köhler, liessen eine kunstgeschichtliche Wichtigkeit der gefundenen Statue nicht verkennen. Daraufhin gelang es unter Betheiligung der Museen zu Berlin, München, Göttingen, Bonn, Dorpat, Breslau und Halle für alle diese Sammlungen einen Abguss der Statuenfragmente sammt Omphalos zu erhalten.[1] Bei der Zusammensetzung im Hallischen Museum folgte ich der Annahme, dass die Statue auf dem Omphalos gestanden habe, wie auch Taf. V, 1 zeigt. Dieser Versuch hat mir diese Annahme auch nur wahrscheinlicher gemacht. Bei der Aufstellung des Gipses im Berliner Museum hat man dagegen Figur und Omphalos getrennt gelassen und das ist zuzugeben, dass eine volle durch äussere Umstände erwiesene Sicherheit für die Zusammengehörigkeit nicht vorhanden ist. Namentlich darf Köhlers Ausdruck, der Omphalos sei nahe bei der Figur gefunden worden,[2] nicht dafür geltend gemacht werden. Der Vorsteher der Alterthümer in Athen

---

Brustwarze 0.283. Ebenso zur rechten Brustwarze 0.264. Oberschenkel bis auf die Höhe der Kniescheibe c. 0,55. Unterschenkel von da bis auf den innern Knöchel c. 0,46. Linker Oberarm c. 0,385 M.

1) Ein Abguss ist jetzt auch zu Wien im oesterreich. Museum für Kunst und Industrie.
2) a. a. O. „essendosi rinvenuto vicino ad essa un onfalo."

Eustratiadis hat mir vielmehr auf meine Anfrage durch Postolakkas mittheilen lassen, der Omphalos sei ausserhalb der Orchestra zwischen den parallelen Mauern der westlichen Parodos, die Statuenstücke dagegen seien hinter den mittleren Inschriftsesseln, beide Theile also doch in einigem Abstande von einander, aufgegraben. Dieser Fundbericht giebt also keinen bestimmten Grund für die Zusammengehörigkeit, aber auch meines Erachtens keinen Grund dagegen ab. So viel steht fest, auf dem Omphalos stand aufrecht eine nackte, männliche Gestalt mit einer Fusssetzung wie unsre Statue sie gehabt haben muss, und das war denn doch gewiss ein Apollon. Stand unsre Statue darauf, so haben wir für diese ihre Bedeutung als Apollon durch das Stehen auf dem Omphalos besonders gut beglaubigt. Der heilige Erdnabelstein in Delphi, mit den geknüpften Binden überdeckt, ist jetzt längst etwas ganz Geläufiges in Kunstdarstellungen; sitzend auf ihm zeigen den Apollon als Delphischen Gott ausser verschiedenen Vasenbildern zwei Statuen in Neapel[1] und in Villa Albani.[2] Einen auf dem Omphalos stehenden Apollon lerne ich dagegen ausser dem hier vorliegenden Beispiele allein erst aus dem neuen Hefte der Müllerschen Denkmäler d. a. K. in Wieselers Bearbeitung[3] kennen, wo der Gott offenbar in Nachbildung eines alterthümlichen Idols auf einer unter Faustina geprägten Münze der Stadt Tarsos so erscheint. Wichtig ist es nun aber weiter, dass, auch wenn man die Zusammengehörigkeit der Statue und des Omphalos als unerweislich leugnen wollte, dennoch die Statue ein Apollon bleibt. Dafür spricht namentlich der Umstand, dass auf einem Kapitolinischen, in älterem Stile gehaltenen Relief[4] unter der Götterversammlung, die den Thron des Zeus umsteht, sicher Apollon gerade mit derselben auffallenden Kopftracht wie die neugefundene Statue vorkommt. Bei einiger Ueberlegung wird man auch das noch zugeben, dass, sobald die Statue als Apollon an sich schon beglaubigt ist, ihre Zusammengehörigkeit mit dem nicht allzu entfernt gefundenen Omphalos, auf dem ein Apollon in übereinstimmender Beinstellung gestanden haben muss, von welchem aber sonst kein Stück zum Vorschein gekommen ist, nur aufs Neue wahrscheinlicher wird.[5]

Apollon steht hier vor uns als das Götterbild einer Zeit, die noch an kraftvolleren, aber freilich auch weniger geistig belebten und erregten Idealen hing, als die Diadochenzeit, welche das Original eines belvederischen Apollo hinstellte. Der heute meist mehr mit der des späteren Griechenthumes übereinstimmenden Geschmacksrichtung kommt in dieser feierlich stillen Gestalt wohl etwas sehr Fremdartiges entgegen; aber so eigenthümlich das Werk ist, so meisterhaft ist es, und dass es auch im Alterthume Berühmt-

---

1) Museo Borb. XIII, taf. 41. Clarac musée de sculpt. 485, 937.
2) Beschr. Roms III, 2, S. 509. Müller-Wieseler D. d. a. K. II, n. 137.
3) Noch nicht ausgegeben. Taf. H. n. 12.
4) Braun Vorschule der Kunstmythologie taf. 5. Kekulé im bull. dell' inst. di corr. arch. 1866, S. 71.
5) Der Omphalos mit der eingedrückten Spur eines Fusses darauf im Lateranensischen Museum bleibt mir ein Räthsel. Benndorf und Schöne die ant. Bildw. des later. Mus. S. 305, n. 439.° Taf. XI, 1. 2.

heit erlangte, beweisen noch zwei Wiederholungen¹ desselben, die eine im Kapitolinischen (Taf. VII),² die andre im britischen Museum (Taf. VI).³ Die letztere ist jene auch schon immer als Apollo bezeichnete Statue, welche in Mitten des phigalischen Saales steht; sie rührt aus Choiseul-Gouffiers in Konstantinopel zusammengebrachter Sammlung her und ist also wahrscheinlich im griechischen Osten gefunden, während die Kapitolinische Statue doch wahrscheinlich auf römischem Boden ans Licht gekommen sein wird. Das Exemplar in London von vortrefflichem parischem Marmor ist das beste, von schöner Arbeit und am vollständigsten erhalten; namentlich sind an ihm die den beiden andern Wiederholungen fehlenden und hier erstaunlich naturwahren und sehr wohlgeformten Füsse⁴ noch vorhanden; auch ist im Gesichte nur die Nasenspitze ergänzt. Die Arme dagegen sind ziemlich ebenso verstümmelt wie an den beiden andern Exemplaren, nur der linke ist wenigstens noch bis gegen die Handwurzel hin und in seiner Verbindung mit der hier an derselben Stelle wie am athenischen Exemplare vorhandenen Stütze erhalten. Zur Seite des rechten Beines steht hier als Stütze ein Baumstamm. An diesem Baumstamme nach Aussen hin läuft Etwas wie ein oben leise gekrümmter Stab hin.⁵ Seitwärts unter dem linken Knie ist auch noch die Spur eines Ansatzes,⁶ die auf irgend ein Attribut in der linken Hand führt.⁷ Das dritte Exemplar im Kapitolinischen Museum hat den geringsten Werth. Am Kopfe ist die Nase und zwar besonders unpassend als Adlernase ergänzt, letzteres gewiss unter Einfluss der alten verkehrten Benennung solcher Köpfe und Statuen, welche für Ptolemaeer galten. Die Arme fehlen beide vom Ellbogen an, auch die Beine von unterhalb der Kniee abwärts. Ihre Ergänzung auf der Abbildung wiederzugeben schien überflüssig. Der Ergänzer hat neben das

---

1) Messungen des athenischen Exemplars (s. oben S. 13, Anm. 1) habe ich am Abgusse gemacht, von dem Londoner Exemplare verdanke ich sie A. S. Murray und Michaelis, von dem Kapitolinischen Helbig. Diese Messungen von verschiedenen Händen, mit verschiedenen Instrumenten gemacht, eignen sich nicht zur Mittheilung hier, was ein Mangel bleibt. Dass aber alle drei Exemplare als Wiederholungen desselben Originals in derselben Grösse anzusehen sind, zeigen sie jedenfalls zur Genüge.

2) Clarac musée de sculpture 862, 2180. Auf den Kopf zu Winckelmanns ges. Werken Tafel 22 machte mich zuerst Wieseler aufmerksam.

3) Specimens of antient sculpture II, taf. 5. Ellis Townley Gallery I, S. 194. Waagen Kunstw. und Künstler in England I, S. 104.

4) Der linke Fuss ist etwas länger als der rechte. Leider sind die Fussspuren auf dem Omphalos aus Athen zu sehr zerstört, um aus den allerdings wohl ungefähr passend scheinenden Maassen der Füsse des Londoner Exemplars eine feste Beweishülfe für die Zusammengehörigkeit von Figur und Omphalos zu gewinnen.

5) Michaelis denkt in seinen vor der Statue genommenen und mir mitgetheilten handschriftlichen Notizen an einen schmalen Lederriemen, vielleicht von einer Kithar. Einer solchen scheine vorn an dem Baumstamme ein leise gekrümmter Gegenstand, wie eine Schildkrötenschale etwa, als Ueberrest anzugehören. Das Horn wäre dann von Bronze gewesen oder mit Bronze angesetzt; wenigstens stecke noch ein Zapfen oben in dem Ueberreste.

6) Am athenischen Exemplare nicht vorhanden.

7) Ellis a. a. O. S. 195: The left seems to have held a bow, which has been in contact with the leg on that side.

rechte Bein einen Baumstamm, wie er am Londoner Exemplare alt erhalten ist, gestellt; ob ihn dabei eine Spur an dem anstossenden alten Stücke des Oberschenkels leitete, ist nicht zu ersehen. Ich erinnere hierbei an den an entsprechender Stelle vorhandenen Ueberrest am Beine des athenischen Exemplars, welcher dort, wenn anders die Figur auf dem Omphalos stand, wie wir sahen, nicht von einer Baumstammstütze herrühren kann.

Von den erhaltenen drei Wiederholungen der Statue ist vermuthlich keine das Original, trotz aller Meisterschaft der Hand an dem athenischen und Londoner Exemplare. Wenn man aber nach der Zeit der Entstehung des Originals fragt, um das sichtlich höchst eigenthümliche Werk im Zusammenhange der kunstgeschichtlichen Entwickelung besser zu verstehen — ohne das bleibt jedem Beschauer allerlei Seltsames und die befriedigende Betrachtung Störendes — so haben gleich die ersten Berichterstatter stark ausgesprochene alterthümliche Züge im Ganzen und Einzelnen nicht verkannt. Dabei ist die Arbeit aber doch wieder eine meisterhafte, namentlich in Bezug auf die Behandlung des Nackten. Alterthümlich ist die fast etwas unbeholfene Art, wie die Figur auf die Füsse gesetzt ist, alterthümlich ist etwas Eckiges in der Formenbildung, alterthümlich die Anordnung und Ausführung des Haars. Es fällt nämlich vom Vorderkopfe in zierlich sich windenden Locken lang in die Stirn herab, während es hinten sehr lang gewachsen in zwei Zöpfe geflochten ist, die, der eine rechts herum, der andere links herum, wie eine Binde um den Kopf gelegt und vorn mit einem eingeflochtenen Bändchen sauber zusammengeknüpft sind. Es ist für die Formengeschichte lehrreich, genau dieselbe alterthümliche Haartracht an zwei Marmorköpfen im Berliner Museum wiederzufinden (Taf. VIII, 1 a b und 2 a b). An dem einen[1] (1 a b) ist die Sache noch mit Verständniss, wenn auch nicht mehr mit der auch auf das Kleine Gewicht legenden Sauberkeit und Liebe altgriechischer Technik gearbeitet; das Gelock ist schon etwas modernisirt und gar im Gesichte ist der alterthümliche Typus ganz verschwunden; Letzteres ist noch mehr der Fall an dem zweiten auf dem Aventin gefundenen[2] Kopfe (2 a b), wo auch das Gelock noch freier geworden ist, und die Haarflechte nur mit der grössesten Oberflächlichkeit, kaum als Haar noch gehörig zu verstehen, gemeisselt ist. Es sind die letzten verhallenden Nachklänge alter Vorbilder in den Duzendarbeiten römischer Zeit. Alterthümlich ist weiter an dem Apollo auch das in etwas steifer Regelmässigkeit gelockte und zu einer oben gradlinig abgeschnittenen Masse zusammengehaltene Schamhaar. Entschieden alterthümlich ist endlich das etwas todte, wenn auch in den Formen z. B. der Wangen sehr fein behandelte Gesicht mit den schmal geschlitzten Augen. Doch ist hier zu bemerken, dass das Gesicht des Londoner Exemplars vollendeter durchgebildet erscheint, und auch an dem Kapitolinischen Exemplare lässt die Abbildung einige Abweichung im Gesicht vermuthen. Die erwähnte Meisterschaft in der Darstellung des Nackten zeigt sich dagegen überall, besonders hervorstehend aber am linken Beine des athenischen Exemplars mit den so schwierigen,

---

1) n. 175. Vergl. Friederichs in Gerhards arch. Anz. 1865, S. 61*.
2) Bull. dell' inst. di corr. arch 1866, S. 71. Helbig kaufte ihn bei Martinetti für das Berliner Museum.

hier aber tadellos behandelten Formen des Knies. Hierfür hat mir Launitz noch besonders die Augen geöffnet. An dem Londoner Exemplare sind die Füsse bewunderswerth. Der ganze Körperbau ist ausserordentlich kräftig, die Schultern breit und wenig abfallend, sondern von vorn gesehen mit dem Schlüsselbeine eine ziemlich starre grade Linie bildend, der Brustkasten ladet nach vorn gewaltig aus, stark ist die Muskulatur der Brust wie der Arme und einzelne Hauptadern liegen mit strotzender Fülle deutlich zu Tage. Hinten treten die Glutaeen mächtig heraus und über ihnen zieht sich der ausserordentlich kräftig durchgebildete Rücken zu einem sehr hohen Kreuze ein. Es ist durchaus ein Ideal männlicher Körperschöne voll gewaltiger Kraft und Mächtigkeit des Baus, auf dem uns der verhältnissmässig nicht grosse Kopf noch um so kleiner erscheint. In allen diesen Dingen sehe ich Nichts als charakteristische Eigenthümlichkeiten altgriechischer Kunst und ich halte das Original dieser Statuen für ein so echt altgriechisches Werk aus der Zeit nahe vor der Entwickelung attischer Kunst zu Phidiasschen Leistungen, wie nur die Aigineten sein können, deren Verschiedenheit in mancher Beziehung ich darum zwar nicht verkenne, die aber zunächst doch auch dieselbe, wenn auch viel mehr ins Einzelne gehende Meisterschaft des Wissens und Könnens in der nackten Form neben allerlei alterthümlichen Seltsamkeiten zeigen. Da es eine grosse Wahrscheinlichkeit hat, dass die Athener in ihrem Theater, wenn sie ein älteres Werk wiederholten, ein attisches aus ihrem reichen Vorrathe wählten, so können wir uns so weit für berechtigt halten, dieses Original der älteren attischen Kunst zuzuweisen. Nun trifft es sich eigenthümlich, dass namentlich die Art der Haaranordnung am Vorderkopfe sich ausserordentlich ähnlich an einer Statue findet, die ich wie auch wohl Andre schon längst für die Kopie eines altattischen Werkes gehalten habe, nämlich an der sogenannten Giustinianischen Vesta, die freilich durchaus nicht nothwendig grade eine Vesta zu sein braucht.[1] Die ehemals Giustinianische, jetzt Torloniasche Statue theilt mit dem Apollo aus Athen und seinen Wiederholungen auch das noch etwas gleichmässige Aufstehen auf beiden Beinen,[2] was an der weiblichen ganz bekleideten Figur jenen vielbesprochenen graden Faltenfall des Gewandes hervorruft. Wenn nun bei den Beschreibungen einer Sosandra von Kalamis, wie sie

---

1) Was man für eine zum Zwecke der Charakterisirung einer Hestia vom Künstler gewählte Kunstform hält (s. noch Friederichs Berlins antike Bildw. I, S. 97 u. 89) halte ich für den Stil der Entstehungszeit. Alterthümliches Unvermögen wäre ein zu starker Ausdruck dafür; „der Künstler dachte sich nur die Götter noch nicht schmeichelnd und gefällig, sondern ernst und streng." Belehrte uns irgend ein Umstand über die Bedeutung der Statue, und müssten wir sie danach beispielsweise für eine Aphrodite halten, so würde vielleicht Friederichs Urtheil so ausfallen, wie das über die Pallas in der Metope von Olympia (a. a. O. I, S. 131); da findet er den Charakter der Figur nicht ganz passend für Pallas, erklärt sich ihn aber durch die Kunststufe des Werks.

2) [Ich wusste, als ich dieses schrieb, sehr wohl, was Kekulé in seiner Recension a. a. O. S. 88 hervorhebt, dass der linke Fuss ein wenig nach hinten zurückgesetzt unter dem Gewande hervor sichtbar gemacht ist. Auch an der Apollostatue kann man ja allerdings ein Standbein und ein Spielbein unterscheiden; dennoch ist nicht entschieden das Gewicht der ganzen Figur auf das Standbein gelegt und das ist auch bei der Torloniaschen Statue nicht geschehen.]

namentlich Lukian[1] gegeben hat, mir immer sofort die Giustinianische Statue von Augen tritt,[2] so darf man im Wege vermuthungsweiser Kombination wohl weiter daran denken, dass grade Kalamis auch eine oder mehre Apollostatuen gearbeitet hatte. Der sogenannte Apollon Alexikakos des Kalamis stand im Kerameikos zu Athen, ein Apollon des Kalamis, dieser aber kolossal, war von Lucullus aus Apollonia in Pontus weggeführt und in Rom auf dem Kapitole aufgestellt.[3] Es soll nur eine Vermuthung sein, die ohne weitere Unterstützung vielleicht werthlos bleibt, selbst wenn sie das Richtige getroffen haben sollte, dass jener mit einem delphischen Spruche in Verbindung gesetzte[4] Alexikakos das Original der auf dem delphischen Nabelsteine stehenden im athenischen Theater gefundenen Statue und ihrer Repliken gewesen sei. Ich betone ausdrücklich, dass wir das Recht haben, bei einer mehrfach im Alterthume kopirten Figur an ein bedeutendes Original zu denken, ohne darum in die früher beliebte Verkehrtheit zu verfallen, allüberall in erhaltenen antiken Kopieen auch in der schriftlichen Ueberlieferung genannte Originale zu wittern. Dass auf die Stellung des Kalamis in der Kunstgeschichte die Eigenheiten wie der Giustinianischen Statue so auch unsres Apollo nach allem, was wir wissen, wohl passen, wird man zugeben und damit eine wenigstens annähernde Richtigkeit der versuchten Zurückführung auf jenen Künstler. Meisterschaft mit noch nicht ganz abgestreifter Befangenheit werden in Kalamis sich vereinigt haben. Er war gewiss einer von den tüchtigen, aber beschränktern Künstlern, über die Phidias hinwegschritt, wie Raphael über Francia, die selbst die neuen Bahnen nicht mehr aus ihrer Weise heraustretend nachfolgend beschreiten konnten, wie Perugino aus seiner Manier durch seinen grossen Schüler nicht mehr aufgestört wurde.

Ich habe meine Beurtheilung der fraglichen Statuen, die jedenfalls ihren Platz in der Kunstgeschichte verlangen, bis zur, ich gestehe es, gewagten Vermuthung ausgesprochen. Mögen wir nun aber einen Apollon nach Kalamis vor uns haben oder nicht, das halte ich fest, dass das Original dieser Statuen in die Region des Kalamis gehört, dass es ein in den Kopieen im Wesentlichen mit Treue wiedergegebenes Werk des griechischen Quattrocento sozusagen ist. Aber auch dieses allgemeiner gehaltene Resultat wird nicht von Allen gebilligt werden; Köhler hat bei seiner Beschreibung von einer archaistischen Arbeit gesprochen, archaisirend habe ich sie sonst nennen gehört und Angesichts des athenischen Originals hat man die Originalität des Stils vermisst. Hier muss ich dem Urtheile Anderer, dem mit der Zeit sich jedenfalls noch mehr zuschärfenden Blicke die Entscheidung lassen; so weit ich bis jetzt sehe, kann ich an eine Entstehung der bespro-

---

1) Imagg. 6. s. Blümner archaeol. Studien zu Lucian, S. 7 ff.

2) In verwandter Anschauungsweise hat Friederichs (Berlins antike Bildw. I, S. 363.) bei der sog. Penelope im Vatikan an Kalamis erinnert. Der Hermes Kriophoros in Wiltonhouse ist in keiner Weise geeignet über den Stil des Kalamis Aufschluss zu geben.

3) Die Stellen bei Overbeck die antiken Schriftquellen zur Gesch. der bild. Künste bei den Griechen S. 95.

4) Paus. I, 3, 3.

chenen Statue in spätgriechischer oder römischer Zeit als Product eines Studiums älteren Kunststils nicht glauben. Es erscheint mir Alles echt und alt aus einem Gusse, im Ganzen und im Einzelnen, die Wirkung der Kopistenhände natürlich abgerechnet; wollte man Mangel an Harmonie finden, so dürfte man daraus nicht Arbeit in einem der Zeit des Künstlers fremden Stile herauslesen wollen, es wäre dann eben der leise Mangel einer Zeit, die in der Kunst noch erst dicht vor der Vollendung stand. Aber Eins, so wird mir Mancher entgegnen, ist doch unvereinbar mit so früher Datirung, Eins zeigt doch, dass die Figur erst in der Zeit nach Alexander und nur mit Anklängen an alte Werke gemacht wurde; das ist der verhältnissmässig so sehr kleine Kopf. An dem Plinianischen Satze (n. h. 35, 65) statuariae arti (Lysippus) plurimum tradidur contulisse — capita minora faciendo quam antiqui pflegte man wenigstens lange in gutem Glauben ein jedes Werk zu messen, ob es vor- oder nachlysippisch sei. Die allerdings am Lysippischen Apoxyomenos, am Herakles Farnese und andern spätern Werken vorhandenen kleine Köpfe galten für eine Bestätigung jenes Satzes und für etwas jener spätgriechischen und dann der römischen Zeit ausschliesslich Eigenthümliches. Und doch hat man ziemlich einstimmig die Wiederentdeckung[1] der Statuen des Harmodius und Aristogeiton von Kritios und Nesiotes in den Neapler Kopieen gutgeheissen, Statuen, die denn doch lange vor Lysippus entstanden und die zugleich doch zu den kleinköpfigsten Antiken gehören. Da haben wir also, was zunächst unsern Apollo betrifft, ein Beispiel kleinköpfiger Proportion an einem Werke altattischer Künstler, Zeitgenossen des Kalamis. Auch die von uns mit Kalamis in Verbindung gebrachte „Giustinianische Vesta" hat etwa acht Kopflängen; das Kopftuch macht es nur weniger auffallend. Der Apoll von Tenea, den man als ein sehr altes Werk nicht anfechten wird, hat ebenfalls einen sehr winzigen Kopf, der hier nur durch die grosse Haarmasse weniger auffällt. Auf andre Beispiele, die eben nur der kleine Kopf hat falsch chronologisch bestimmen lassen, führt uns die Besprechung der folgenden Tafel. Ausserdem mögen hier nur noch die beiden sehr kleinköpfigen Athleten auf dem Diskus aus Aegina im Berliner Museum[2] erwähnt sein, die Niemand in nachlysippische Zeit wird herabrücken wollen und schliesslich ist noch Eins sehr wichtig: man mustere die älteren Vasenbilder, namentlich die Vasen sogenannten strengen Stils mit thonfarbigen Figuren; da wird man ein entschiedenes Vorherrschen kleinköpfiger Proportionen finden. Figuren von 8 bis 9 Kopflängen sind auf diesen Vasen häufig; auf der Berliner Vase mit dem Morde des Aigisthos[3] sind sogar über 9 Kopflängen zu messen. Als auch sonst stilistisch mit unserer Apollostatue übereinstimmend will ich noch besonders nennen den „Achill" auf einem Krater aus Gir-

---

1) Friederichs in Gerhards arch. Zeit. 1859 S. 65 ff. Berlins antike Bildw. I, S. 31 ff. n. 24. 25. Benndorf Ann. dell' inst. di corr. arch. 1867. S. 304 ff.

2) Ann. dell' inst. di corr. arch 1852, tav. d'agg. B und bei Ed. Pinder über den Fünfkampf der Hellenen zu S. 96.

3) Ann. dell' Inst. di corr. arch. 1853, tav. d'agg. H. Overbeck Gall. her. Bildw. Taf. XXVIII, 10.

genti¹ von etwa 8 Kopflängen und den Apollon auf einer grossartigen Vase mit dem Kampfe des Gottes gegen Tityos.² Ich bin nicht der Meinung, es seien auf solchen Vasenbildern genau bis ins kleine berechnete und beabsichtigte Proportionen dieser Art zu suchen; auch stellt sich auf der gebogenen Fläche eines Gefässes die Sache dem Auge etwas milder dar, als wenn die Figuren in die flachen Abbildungen übertragen sind. Aber das ist unleugbar und sehr wichtig auch für die Untersuchung der Proportionen plastischer Werke, dass eine Richtung auf sehr kräftige, breitbrüstige, muskelentwickelte Körper aber mit kleinen Köpfen durch diese Vasenbilder, die in runder Zeitsumme zwischen den persischen und peloponnesischen Krieg zu setzen sind, hindurchgeht. Wenn die Vasenbilder des sogenannten strengen Stils nun, wie eben gesagt, zu datiren sind, wenn sie den Formen ihrer Inschriften nach bis gegen Ol. 86 reichen, so ist ihre stilistische Aehnlichkeit mit unserer Apollostatue wiederum sehr wohl im Einklange mit unserer vermuthungsweise ausgesprochenen Zurückführung dieser Statue auf Kalamis oder ihrer Datirung doch etwa um dessen Zeit.

1) Mon. in. dell' inst. di corr. arch. I, Taf. 52. Vergl. Welcker alte Denkm. III, S. 401 ff. und Taf. 25, 1.
2) Mon. in. dell' inst. di corr. arch. I, Taf. 23.

Tafel IX (X).
Marmorstatue in Petersburg.

Eine Marmorstatue in der Sammlung der kaiserlichen Eremitage zu Petersburg, früher im Palazzo Soranzo zu Venedig befindlich, giebt uns neue Räthsel auf, sei es, dass wir deutend einen Namen für sie zu finden suchen, sei es, dass wir sie stilistisch zu begreifen und an ihren richtigen Platz in der kunstgeschichtlichen Entwickelung zu stellen versuchen. Für die Namengebung bleibe ich ganz rathlos; doch machen wir zunächst die unerlässlichen äusseren Angaben.[1]

Die Statue ist von einem weissen, aber sehr vergilbten und fast alabasterartig geschichteten Marmor gearbeitet. Sie ist offenbar lange vieler Unbill frei ausgesetzt gewesen, trotz einer Menge von Beschädigungen aber doch ziemlich gut erhalten, namentlich ist, was besondere Erwähnung verdient, der Kopf niemals vom Rumpfe getrennt gewesen. Verloren ist namentlich der rechte Unterarm von oberhalb des Ellbogens an; er ist ergänzt, absurder Weise mit einem Griffel in der Hand, so dass der Ergänzer die in die Höhe blickende Gestalt sich als einen in einer Art von poëtischer Inspiration begriffenen Schriftsteller gedacht zu haben scheint. Diese sinnlose Ergänzung habe ich beim Formen der Statue für das Berliner und Hallische Museum wegfallen lassen und so auch in der Abbildung. Schwierig ist es über den Zustand des linken Arms Rechenschaft zu geben. Die Hand halte ich sicher für antik, der Zeigefinger ist ungebrochen, die andern vier Finger sind sämmtlich angesetzt; im Inneren der Hand ist keine Spur von einem Gegenstande, sei es von Marmor, sei es von Metall, den sie gehalten haben könnte. Ist die Hand nun auch antik, so ist es doch fraglich, ob sie zur Statue gehörte. Der Marmor hat zwar ein ähnliches Aussehen, aber jedenfalls ist die Hand mit einem ganz modernen, etwas zu lang gerathenen Zwischensatzstücke (s. die Abbildung) an den antiken Armstumpf der Statue erst angesetzt. Es entsteht so die weitere Frage, ob, wenn sie auch zur Statue gehörte, ihre etwas eckige Haltung so richtig getroffen ist. Bestimmt

---

[1] Kopfhöhe etwa 0,19 M. Abstand der Brustwarzen 0,205. Oberer Nabelrand bis Halsgrube 0,33. Von ebenda bis auf die rechte Brustwarze 0,20, bis auf die linke 0,215. Von ebenda bis auf den Ansatz des Geschlechtstheils 0,12. Abstand der Achselhöhlen 0,285. Oberschenkel c. 0,43. Linker Unterschenkel bis auf den innern Knöchel c. 0,375. Linker Fuss c. 0,22. Rechter Fuss c. 0,235.

in Abrede stellen möchte ich nicht, dass die Hand zugehörig und auch in richtiger Haltung angesetzt ist. Neu ergänzt ist ferner die Nase (s. die Abbildung) und der im Abgusse wie in der Abbildung weggelassene Geschlechtstheil. Gebrochen war die Figur an mehren Stellen. Der linke Arm war über dem Ellbogen gebrochen, ebenso das rechte Bein in gleicher Höhe etwa mit dem obern Ende des Baumstamms, ferner das rechte Bein hart unter, das linke dicht über dem Fussknöchel. Die Basis hat eine neue Einfassung bekommen; die Spitze des rechten Fusses und an ihr wieder die grosse Zehe sind angesetzt, der linke Fuss dagegen ist wohl erhalten. Die Füsse sind mit dem antiken Mittelstücke der Basis in Eins, auch der Stamm und das rechte Unterbein, so dass die Figur in ihrem ganzen Stande als echt alt anzusehen ist. Bei der Zusammenflickung sowohl des linken Arms als auch des rechten Beins ist jedesmal hinten eine eiserne Klammer eingelassen, eingeflickt ist hinten ein grosses Stück auf der linken Schulter, auf Arm und Schulterblatt hinüber greifend. Endlich muss die Statue einmal hinten im Rücken mit einem Halter gegen eine Wand oder eine andre Stütze befestigt gewesen sein; mitten im Rücken ist davon das nachher ausgeflickte viereckige Loch geblieben. Vorn auf dem linken Schenkel, vielleicht auch am rechten, sehr deutlich aber auf der Brust in der Herzgegend lässt der Marmor die Spuren von Kugeln, die auf die Statue abgeschossen sind, erkennen.

Es ist zu vermuthen und auch die Kugelspuren würden damit besonders gut zu reimen sein, dass die Statue aus dem griechischen Osten nach Venedig kam; wir wissen aber nichts Sicheres darüber.

Dargestellt ist ein nackter Ephebe. Sein nach seitwärts in die Höhe gewandter Blick kann auf die Annahme führen, er habe ursprünglich zu irgend einer andern Gestalt in Beziehung gestanden. Höchst eigenthümlich ist die Haartracht; nach beiden Seiten hängen volle Haarmassen in die Schläfen herab, hinten fällt das Haar in den Nacken, oben auf dem Scheitel ist es nach vorn gestrichen und ganz vorn zu einem Büschel zusammengebunden, der in die Stirn herabfällt. Es ist eine von den in mannigfachen Formen vorkommenden reichen und zierlich zurechtgelegten Haartrachten auch des männlichen Geschlechtes in altgriechischer Zeit, welche nach und nach, in Athen um die Zeit des Perserkrieges, ausser Gebrauch kamen.

Schon diese Haartracht giebt der Statue etwas Alterthümliches, alterthümlich ist aber auch der ganze Stil.[1] Ich stehe nicht an in der Figur allerdings kein Original aus altgriechischer Zeit — dazu ist die Arbeit zu leer —, aber eine getreue Kopie eines Originals wiederum der älteren Kunst vor Phidias zu erkennen. Nicht nur zuerst ist eine Verwandtschaft dieser Petersburger Statue mit jener Jünglingsstatue in Villa Albani[2]

---

1) Der Schenk auf der Vase mit Hectors Auslösung (Mon. in. dell' Inst. di corr. arch. VIII, Taf. 27) und wiederum der jugendliche Mundschenk auf einer Trinkschale des britischen Museums (Otto Jahn über Darstellung griech. Dichter auf Vasenbildern. Abh. d. k. sächs. Ges. der Wiss. zu Leipzig VIII, Taf. VII) erinnern mich immer stark an unsere Statue.

2) Ann. dell' inst. di corr. arch. 1863, tav. d'agg. D.

aufgefallen, welche inschriftlich als die Arbeit des Stephanos, eines Schülers des Pasiteles, bezeichnet ist. Diese Statue von der Hand des Stephanos, ausgeführt also allerdings erst gegen Ende des letzten Jahrhunderts vor Chr., halte ich im Widerspruche mit den meisten ausgesprochenen Urtheilen nicht für ein nur mit Benutzung älterer Vorbilder in der Schule des Pasiteles entstandenes Werk, sondern wie den Petersburger Epheben einfach für eine Kopie einer altgriechischen Statue, von welcher ausser der von Stephanos gearbeiteten auch noch eine Anzahl anderer Kopieen auf uns gekommen ist.

Diese Behauptungen verlangen eine etwas ausführlichere Darlegung. Was zunächst die wenigen über die Petersburger Statue bisher laut gewordenen Ansichten betrifft, so kann ich von einer früheren Besprechung derselben in der Revue archéologique (V, p. 557 ff.), wo auch ein Umriss aber ohne Angabe der Ergänzungen und stilistisch entstellt (Taf. 101) gegeben ist, kurzweg ganz absehen. Der Katalog der antiken Skulpturen der Eremitage (2. Ausgabe. 1865. S. 37, n. 153) führt die Statue als dorischen Epheben auf; das Haar sei das dorische Ephebenhaar. Ausserdem hat meines Wissens nur Helbig einmal im Bull. dell' inst. di corr. archeol. (1867, S. 128 f.) die Statue erwähnt und sie für eine der Arbeiten der eklektischen Schulen erklärt, die bekannt durch die Namen des Pasiteles, Stephanos und Menelaos im letzten Jahrhundert der Republik und im ersten des Kaiserreichs in Thätigkeit waren. Helbig findet in der Statue die Vereinigung archaischer und freientwickelter Elemente, welche den Werken dieser Schulen eigenthümlich sei. Den Augen und dem Haare sei der alte Stil anzumerken, andre Theile, wie die Kniee und der Hals liessen das raffinirte Naturstudium der spätgriechischen Zeit erkennen. Hierauf will ich nur erwidern, dass die Vereinigung von steifer Alterthümlichkeit in Haar und Gesicht und von einem nie übertroffenen Naturstudium bekanntlich den Aigineten eigen ist, die Niemand späten eklektischen Schulen zuweisen wird.

Es handelt sich hier nun aber um mehr als um eine Differenz der Ansichten zwischen Helbig und mir in Bezug auf diese eine Statue; diese Differenz hat ihren Grund weiterhin wieder darin, dass wir beide eine ganze Klasse von Kunstwerken verschieden beurtheilen. Es ist die Klasse, welche sich für unsre Kenntniss als um einen festen Mittelpunkt um jene Statue des Stephanos in Villa Albani schaart. Diese Albanische Statue wird zum festen Mittelpunkte durch ihre schon erwähnte Inschrift: Στέφανος Πασιτέλους μαθητὴς ἐποίει. Kein Grund zum Zweifel, dass sie von einem Schüler des bekannten Pasiteles, also gegen den Anfang der römischen Kaiserzeit gearbeitet wurde. Dabei ist andererseits offenbar, dass sie in ihrer Eigenthümlichkeit sehr absticht gegen die damals gewöhnliche Kunstweise, wie sie in der Diadochenzeit entwickelt nach Rom übertragen war und wurde. Brunn hat in der Geschichte der griechischen Künstler (I, S. 596 ff.) die Ansicht aufgestellt, Stephanos habe eine neue Musterfigur vielleicht gradezu aus dem Polykletischen sogenannten Kanon, von dem die breite Brust geblieben sein könne, aber mit Hinzufügung der Lysippischen Proportionsänderung, der nach Maassgabe der schon oben (S. 20) erwähnten Plinianischen Stelle der kleine Kopf entnommen sei, herstellen wollen, das sei die Statue in Villa Albani oder die Statue dort sei doch wenigstens eine Kopie nach einer solchen Musterfigur des Stephanos. Dieser von Overbeck in seine Geschichte der griechischen Plastik (II, S. 270) aufgenommenen Ansicht wird dann hinzugefügt, Stephanos müsse seine Absicht erreicht haben, die Figur müsse eine Musterfigur geworden sein; denn wir besässen noch mehre Kopieen nach ihr. O. Jahn hat bereits mit Benutzung meiner Untersuchungen der Statue und ihrer Wiederholungen diese Annahme zurückgewiesen (Berichte der k. sächs. Ges. der Wiss. 1861, S. 118). Es sind bisher, von Repliken des Kopfes[1] abgesehen, fünf Wiederholungen der Statue des Stephanos, diese selbst (A) eingeschlossen, bekannt geworden, eine im Billardo der Villa Albani (B), eine im Lateran (C)[2], eine im Museum zu Neapel (D) und eine im Louvre (E). In Neapel ist sie mit einer weiblichen Gestalt zu einer Gruppe, die man für Orestes und Elektra[3] erklärt hat, zusammengesetzt, im Louvre ebenso mit einer männlichen Figur. Das Exemplar B ist schlechter erhalten, aber besser gearbeitet und echter altgriechisch, als das Exemplar A, wodurch wir namentlich genöthigt sind, Stephanos einfach als Kopisten der betreffenden Statue anzusehen. Es liegt auch überhaupt kein Grund vor, die Entstehung des Originals anders als in wirklich frühgriechische Zeit zu setzen. Was Brunn hauptsächlich bei seiner Beurtheilung der Statue bestimmte, der sehr kleine Kopf, kann, wie schon O. Jahn mir zugestanden hat und wie ich bei Besprechung des Apollo aus dem athenischen Theater oben hervorgehoben habe, nicht für eine nachlysippische Entstehungszeit geltend gemacht werden. O. Jahn scheint geneigt die Neapler Gruppe als das Original anzusehen, aus dem Stephanos seine eine Figur kopirt habe. Ich nehme als das Wahrscheinlichste an, dass die Figur als Einzelfigur eine berühmtere altgriechische Arbeit war, die als solche von Stephanos, der in des gelehrten Pasiteles Schule grade zu solchen Studien geführt werden musste, kopirt wurde, die auch andre Bildhauer kopirten (B C) oder sie, wie C und D zeigen, mit andern Figuren zusammengesetzt zu Gruppen verwertheten. Der ursprüngliche Name der Figur bleibt dabei ganz dahingestellt; sollte auch die Neapler Gruppe Orestes und Elektra und die Pariser Orestes und Pylades darstellen sollen, so würden wir damit keineswegs genöthigt sein, für die Einzelfigur als ursprüngliche Bedeutung die des Orestes anzunehmen. Es ist nun überhaupt von dieser Namenfrage abgesehen viel wahrscheinlicher, dass ein altgriechisches Werk zu solchem Ansehen in römischer Zeit gelangte, als dass ein Product der Schule des Pasiteles so vielbeliebt sollte geworden sein. Ich erwähne, dass auch

---

[1] z. B. im Lateran (Benndorf u. Schöne die antiken Bildw. des Lateran. Mus. S. 95, n. 157). Verwandte Köpfe in mehren Sammlungen müssen erst noch zusammengestellt werden. Zwei von Kekulé ann. dell' Inst. di corr. arch. 1865, S. 62 als Repliken genannt.

[2] Benndorf u. Schöne die antiken Bildw. des Lateranens. Mus. S. 29, n. 46. Die übrigen Exemplare bei O. Jahn a. a. O.

[3] Genaue Wiederholungen dieser weiblichen Figur, eigentliche Kopieen, besitzen wir nicht; die von O. Jahn (a. a. O.) angeführten sind nur freie Bearbeitungen des Motivs; stilistisch weichen sie alle ab.

Friederichs¹ bereits zugegeben hat, dass Stephanos ein altes Original kopirte; den Charakter einer Kopistenarbeit trägt sein Werk durchaus auch an sich: Trefflichkeit im Ganzen, Leerheit und Armuth im Einzelnen, in allen Formen wie im Gesichte. Der Vergleich mit dem Exemplare B, welches eine Menge von ursprünglichen Schönheiten bewahrt, die Stephanos gar nicht wiedergegeben hat, wird das bei jeder genauen Betrachtung nur augenfälliger machen. Ich kann mich in dieser Auffassung nicht beirren lassen durch den sorgfältigen und durchdachten Aufsatz von Kekulé (Ann. dell' inst. di corr. archeol. 1865, S. 55 ff.), welcher das Original der Arbeit des Stephanos, den auch er mit Beirath von Künstlern nur für einen Kopisten halten kann, dem Lehrer Pasiteles zuschreiben möchte. Ich sehe auch für diese Annahme keine Wahrscheinlichkeit. Die Neapler Gruppe halte auch ich mit Kekulé für ein spätes Erzeugniss einer wenigstens der des Pasiteles verwandten Kunstwerkstatt. an der weiblichen Figur in dieser Gruppe hat Stephani² die Spuren römischer Kunst zu finden geglaubt, aber die männliche Figur in ihr ist nach meiner Ansicht eine altgriechische, zu der Zusammensetzung mit der Frauengestalt hier benutzt, wie zur Zusammensetzung mit einer männlichen Figur in der Pariser Gruppe. Ich behaupte, es ist keine nur aus einem Vermischen verschiedener Stile erklärliche Disharmonie in der ganzen Gestalt und in der stilistischen Eigenthümlichkeit ihrer Theile, es wäre höchstens jenes Etwas von Disharmonie, das jede Epoche des Werdens vor der Vollendung in Natur und Kunst mit sich bringt. Eine hohe nur durch die Kopistenhände geschmälerte Meisterschaft im Nackten geht Hand in Hand mit einer gewissen Eckigkeit der gleichsam noch nicht ganz gelösten Bewegung und mit einem wenig entwickelten Gesichtsausdrucke, ganz wie auch sonst in altgriechischen Werken, die auffallende Proportion des gewaltigen Baus im ganzen Torso zusammen mit dem winzigen Kopfe, so dass die Gestalt Beides, Kraft und Schlankheit im höchsten Grade jedes einzeln ausgesprochen, aber noch nicht wirklich verschmolzen vereinigt, das sind, wie wir schon sahen, grade charakteristische Züge wiederum altgriechischer Kunst. Lysipps Gestalten sind also eigentlich keine völlige Neuerung gegenüber allem früher Dagewesenen, wie jetzt auf Autorität der Plinianischen Stelle angenommen wird. Lysippos wird nur den Attikern gegenüber wieder geneuert haben, aber indem er an die älteren Werke anknüpfte. Er vereinigt Kraft und Schlankheit wie jene Alten, aber er vereinigt sie harmonisch, er nimmt dem Torso das Eckige (quadratas veterum staturas immutando) und bringt den bei den Attikern zur Regel gewordenen Linienfluss durch entschiedeneres Aufruhenlassen des Körpers auf dem einen Beine hinein. Jene alten Werke — wir können den athenischen Apollo (Taf. III—V), die Petersburger Ephebenstatue (Taf. IX), den Jüngling des Stephanos und seine Repliken, ferner den Apollo in Neapel³ und Mantua⁴

---

1) Berlins antike Bildw. I, S. 113 zu n. 92.
2) Compte rendu de la comm. arch. de l'acad. de S. Petersbourg 1860, S. 26, Ann.
3) Ann. dell' inst. di corr. arch. 1865, tav. d'agg. C. D. Mon. dell' inst. VIII, Taf. 13.
4) Museo di Mantova I, Taf. 5, 6. Clarac 482 B, 933 A. Friederichs Berlins ant. Bildw. I, S. 108, n. 90.

als anschauliche Beispiele nehmen — haben schon das Ruhen auf einem Beine, aber noch nicht so entschieden, dass die ganze Körperhaltung Fluss und Abwechslung dadurch erhielte. Die Stellung ist noch nicht, wie sie später typisch wird, der Art, dass sie bei langgewandeten Frauengestalten das Zerfallen auch des Gewandes in eine mit senkrechten Parallelfalten stehende Hälfte über dem Standbeine und eine von dem darunter hervortretenden Körper in ihrer Form bedingte Hälfte über dem Spielbeine zerlegt. Ich habe auf Tafel X durch Zusammenstellung eines flüchtigen Umrisses des Apollo von Tenea (1), der Statue von Stephanos (2) und des Idolino (3), der für mich attischen Stempel trägt, diese allmälige für die Geschichte der griechischen Kunst so wichtige Entwicklung in der Art des Stehens statuarischer Einzelfiguren zu zeigen gesucht. Es ist das nichts Neues und von dem auf den ganzen Körper sich erstreckenden Einflusse der einen und andern Art des Stehens einer Gestalt will ich als von etwas zu Bekanntem nicht weiter sprechen; es kam mir nur darauf an zu zeigen, dass die Statue des Stephanos und ihres Gleichen auch in dieser Beziehung als Werke einer Entwicklungsperiode sich zu erkennen geben, dass sie einen erheblichen Fortschritt gegenüber alten Werken, wie dem Apoll von Tenea, aufweisen, der im Idolino dann aber noch weiter verfolgt, im sog. Hermes im Belvedere bis zum manieristischen Uebermaasse gesteigert ist. Bei Plinius[1] wird Polyklet als der Neuerer in Bezug auf das Aufstellen der Figuren auf den Ruhepunkt eines Beines genannt. Wäre, um auf den Gegenstand früherer Besprechung zurückzukommen, die von Friederichs dafür angesprochene Statue Polyklets Doryphoros, so wäre Polyklet hierin nicht der Neuerer gewesen, womit ich mich an Petersens[2] Bemerkung anschliesse, er hätte über diese ganze Entwicklungsreihe hinaus oder neben ihr weg sozusagen seine Figuren bereits halb im Schritte dargestellt.

Wenn ich nun unsern Petersburger Epheben ebenso wie die Statue des Stephanos und ihre Genossen für im Wesentlichen treue Kopieen altgriechischer Werke halte, so wird die weitere Frage an mich herantreten: welcher Zeit, genauer welcher Schule, welchem Künstler schreibe ich sie zu? Eine mir selbst vollkommen gesichert richtig erscheinende Antwort hierauf vermag ich nicht zu geben; in Anschlag zu bringen ist aber zunächst Zweierlei. Es ist bereits zur Genüge hervorgehoben, dass diese Statuen der Herbigkeit ihres Stils nach in die Zeit vor den Aufschwung der attischen Kunst zumal durch Phidias gehören. Das ist das Eine. Das Andre ist ebenfalls schon betont, dass sie eine meisterhafte Beherrschung der nackten Form, so weit die Kopistenhand das nicht zu sehr beeinträchtigt hat, erkennen lassen. Damit ist gegeben, dass die Originale dieser Statuen dem Ende jener Periode angehörten. Damals, wie in Italien im 15. Jahrhunderte vor den vollendenden Meistern, war die Beherrschung der Form völlig erreicht, dass sich aber damit wie in Italien bei Mantegna, bei den Bellinis u. A. hie und da etwas

---

1) n. h. 34, 55. Der Deutung von Urlichs (Chrestom. Plin. S. 319 und Arch. Zeit. 1870, S. 111) kann ich mich nicht anschliessen.

2) Gerhards arch. Zeit. 1864, S. 131.

Beengtes, Unfreies im Vortrage verband, bezeugen sehr handgreiflich die Aegineten, auch wenn wir sie richtig nach den Perserkriegen ansetzen, bezeugt die durch die erhaltenen Kopieen bestätigte Angabe, dass selbst ein Myron sich in der Behandlung des Haars von der Tradition noch nicht ganz freigemacht hatte. Es wurde schon bei dem Versuche, den athenischen Apollon und die giustinianische Frauenstatue mit der Kunstweise des Kalamis in Verbindung zu bringen, auch die Analogie der modernen Kunstgeschichte dafür geltend gemacht, dass selbst gleichzeitig mit Phidias die übrigen Künstler sich noch mehr oder weniger in den Fesseln der ältern Weise bei ihrem Schaffen bewegten.

Es giebt nun unter den meines Erachtens der Statue des Stephanos und ihren Genossen verwandten plastischen Werken eins, nämlich die Wettläuferin in der Kandelabergallerie des Vaticans[1] — sie ist für mich auch die Kopie eines altgriechischen Originals, — welches mit grösster Wahrscheinlichkeit aus einer peloponnesischen Werkstatt hervorgegangen ist. E. Q. Visconti[2] hat bereits nachgewiesen, dass ihre eigenthümliche Tracht fast genau die der elischen Frauen beim Wettlaufe, wie diese Pausanias[3] beschreibt, ist. Das macht doch für die ältere Zeit, als noch nicht attische Künstler nach auswärts hin wie später thätig waren, die Entstehung dieser Statue in einer peloponnesischen Werkstatt wahrscheinlich. Ich stimme hierin wörtlich mit Friederichs überein.[4] Die peloponnesischen Schulen standen jedenfalls auf der Höhe der griechischen Kunst, ehe in Athen die perikleischen Schöpfungen begannen. Dürften wir nun diesen älteren peloponnesischen Schulen mit der Wettläuferin im Vatican auch das Original, nach dem Stephanos arbeitete, vielleicht auch den Petersburger Epheben zuweisen, so wären in jenen Schulen oder in einer von ihnen die eigenthümlichen Proportionen dieser zugleich in Rücken und Hintertheil, in Schultern und Brust überkräftigen Figuren, mit ihrem hohen Wuchse und kleinen Kopfe[5] zu Hause gewesen, man hätte ein solches durchaus männlich gefärbtes Ideal dort auch auf die Behandlung der weiblichen Gestalt übertragen. Wäre alles Dieses richtig, so würde die schon berührte Aufnahme dieser Proportionen und ihre dem fortgeschrittenen Formgefühle entsprechende harmonischere Umbildung durch Lysippos in einem neuen Lichte erscheinen. Lysippos, aus peloponnesischer Schule hervorgegangen, hätte sich dann dem Formideale der alten Peloponnesier angeschlossen, wie er sich in der Technik im Gegensatze gegen die attische den Marmor bevorzugende Kunstübung an den Erzguss der alten Peloponnesier hielt. Mit einem solchen Verhältnisse würde die Anekdote im Einklange sein, nach welcher Lysippos den Doryphoros des Polyklet seinen Lehrmeister genannt haben soll. Sollten

---

1) Visconti museo Pio-Clem. III, Taf. 27.
2) a. a. O. S. 125 ff. der Mailänder Ausgabe.
3) V. 16, 2.
4) Berlins antike Bildw. I. S. 110, n. 91.
5) Die sehr kurzen Proportionen auf einem altspartanischen Reliefsteine machen das nicht unmöglich; es ist eine sehr unbeholfene Arbeit, bei der auch der gegebene Raum beengend gewirkt haben kann, wie letzteres auch bei den älteren Metopen von Selinus der Fall gewesen sein kann.

diese Kombinationen das Richtige treffen, so muss Lysippos als der Weiterbildner und Vollender des altpeloponnesischen Stils, nachdem dieser von den Attikern seit Phidias eine Weile in den Hintergrund gedrängt worden war, gelten.

Man sieht aus alle Diesem wieder, ich kann mir den Doryphoros des Polyklet nicht in den Formen der von Friederichs auf ihn zurückgeführten Florentiner Statue und ihrer Wiederholungen denken. Es hat sich mir vielmehr in Beziehung auf diesen Hauptpunkt, den wir mit aller Gewalt aufzuklären suchen müssen, auf die jedenfalls — das kann man nach der Berühmtheit des Werkes im späteren Alterthume mit Zuversicht sagen — auf die jedenfalls, sage ich, noch vorhandenen Nachbildungen der Polykletischen Musterfigur schon seit Jahren eine Vermuthung aufgedrängt, welche durch die inzwischen von Friederichs aufgestellte bei mir nicht beseitigt ist, für welche sich allerdings auch bis jetzt ein Beweis nicht geboten hat, die ich hier auszusprechen wage. Die Statue, welche Stephanos und ausser ihm noch Andre kopirten, die zwei Mal auch in eine Gruppe gesetzt uns erhalten ist, sie könnte grade die gesuchte Polykletische Musterfigur sein. Dass ich sie der Zeit etwa Polyklets zuweisen muss, habe ich gesagt; dass eine leise Spur auf Ursprung in einer peloponnesischen Werkstatt führt, ebenfalls. So oft kopirt und benutzt, wie sie ist, muss also, wenn wir auf dieser allerdings sehr schwankenden Brücke weiter gehen dürfen, in ihr ein berühmtes Werk eines älteren peloponnesischen Künstlers vorliegen. Das in späterer Zeit berühmteste war jedenfalls jene Polykletische Figur, dass eine solche kanonische Gestalt häufig und grade auch in der gelehrt studirenden Schule des Pasiteles kopirt ward, ist auf alle Fälle sehr begreiflich und so wird man, wenn man ein Mal so weit ist, an die Möglichkeit wohl denken können. Stephanos habe uns eine gewiss verflachte und die vorauszusetzende feine Durchführung des Originals verwischende Kopie des Polykletischen Doryphoros geliefert. Ein Doryphoros kann die Statue gewesen sein; man denke an die einfach senkrecht aufgesetzt gehaltene Lanze des Kriegers der Aristionstele und eines andern attischen Grabsteins,[1] an das auch sonst grade auf älteren Bildwerken übliche Halten der Lanzen in dieser Weise und man wird zugeben, dass die linke an keiner der Kopieen antik erhaltene Hand die Lanze ruhig senkrecht auf den Boden gestützt ursprünglich wohl gehalten haben könnte. Jugendlich wie die Statue des Stephanos war der Doryphoros Polyklets. Dass ferner für eine Musterfigur, an der man die Regeln der Körperbildung abnehmen konnte, die ruhig grade aufrecht stehende Stellung wie an der vorhandenen Statue vorauszusetzen ist, hat wohl ein Jeder angenommen. Brunn (Geschichte der griech. Künstler I. S. 597) hat gewiss mit Recht von der Statue des Stephanos gesagt: „die Haltung ist durchaus streng und gemessen, wenig bewegt und, wie es scheint, grade darauf berechnet, den ganzen Körper in seinen einfachen und normalen Verhältnissen zu zeigen." Brunn denkt dabei dann selbst auch ohne Weiteres an Polyklets Kanon; nur die Kleinheit des Kopfes bringt ihn dazu, gleichsam eine zweite verbesserte Auflage,

1) Gerhards arch. Zeit 1869, Taf. CXXXV, 2

eine Bearbeitung durch den Stephanos — und Kekulé setzt nur den Pasiteles als den Bearbeiter an die Stelle — anzunehmen. Dass aber der kleine Kopf uns nicht bestimmen darf, uns von der Zeit Polyklets zu entfernen, ist wohl zur Genüge festgestellt. Und passt nun nicht ferner das Quadrate, was den Proportionen der Werke Polyklets und der Aelteren überhaupt nachgesagt wird, sehr wohl auf diese Statue trotz aller Schlankheit. Es liegt vornehmlich in Brust und Schultern; O. Jahn hat deren Bildung nicht besser zu bezeichnen gewusst, als indem er das Wort quadratus anwendete. Der obere Torso erscheint ja wie in ein Rechteck eingeschrieben und das giebt der Gestalt trotz ihrer Höhe etwas kraftvoll Gedrungenes. Wäre die mehrfach angeführte Stelle des Auctor ad Herennium[1] nur zuverlässiger überliefert, so würde ich die, wie es scheint, für Polyklet dort besonders betonte Brust in der auffallenden Brustbildung unserer Statue wiederfinden. Ich will noch erwähnen, dass die Art des Stehens der Statue des Stephanos, worüber schon gesprochen ist, als ein maassvoll neu versuchtes, noch nicht recht durchgeführtes und crure insistere erscheint. In Lukians Schilderung eines Tänzers, wie er sein soll, wird man, um auch das nicht zu übergehen, die Herbeiziehung einer solchen Gestalt wie diese Statue des Stephanos durchaus passend finden müssen. Dass ich aber mit Winckelmann und Andern im Allgemeinen eine gewisse leise Befangenheit der Arbeiten des Polyklet, mit der sich eine äusserste Sorgfalt der Durchführung grade sehr wohl vereinigt denken lässt, gegenüber den gleichsam mehr aus einem Gusse im Ganzen hingestellten Arbeiten des Phidias annehme, habe ich bereits oben ausgesprochen.

Ich bin weit entfernt davon, der vermuthungsweise ausgesprochenen Zurückführung der Statue des Stephanos und ihrer Repliken auf den Doryphoros oder Kanon Polyklets mehr Werth beizumessen, als den eines nicht ganz unmöglichen Versuchs, an den man sich beim Suchen in einer ziemlich dunkeln Region für den Augenblick einmal halten kann. Zuversichtlicher halte ich schon daran fest, dass die Proportionen der Statue des Stephanos, des Mantuanischen und Herkulanensischen Apollo, der Wettläuferin im Vatican altgriechische und zwar altpeloponnesische sind und dass Polyklets Proportionen ihnen in den Hauptzügen glichen. Dass sie gleichartig auch an einem altattischen Werke, jenem Apollo aus Athen, sich finden, kann jene Annahme nicht widerlegen. Die bei Vitruv[2] aufgezeichneten Körpermaasse, deren sich die ältern Maler und Bildhauer bedient hätten, habe ich nicht zu verwerthen vermocht; sie stimmen weder mit den Statuen, in denen Friederichs das Polykletische Original wiederfindet, noch mit denen, in welchen ich es vermuthete. Jene sind gedrungener als eine Figur von den Vitruvischen Verhältnissen, diese schlanker.

1) IV, 6.
2) III, 1.

Tafel XI.
Grabrelief aus Orchomenos.

Den ziemlich weitgreifenden Besprechungen, zu welchen die auf den vorigen Tafeln zum ersten Male veröffentlichten Bildwerke Anlass gaben, folge zum Schluss das Einfachere und Kurze, was zu dem auf dieser Tafel zum ersten Male wenigstens getreuer abgebildeten Relief zu sagen ist.

Auf dem Friedhofe des kleinen böotischen Dorfes Romäiko, welches ungefähr eine Stunde von Skripu (Orchomenos) entfernt an der von Kapurna (Chaironea) her führenden Strasse liegt, steht seit Jahren auf dem Grabe eines neugriechischen Landmanns aufgerichtet ein mannshoher Grabstein, antiker Arbeit. Man erzählt, dass er aus dem Dorfe Petro-Magúla, also aus der nächsten Umgebung der alten Hauptstadt Orchomenos an seinen jetzigen Platz gebracht sei, wo ihn die Verwendung wieder zu dem, was er ursprünglich gewesen war, zu einem Grabsteine, wohl bisher vor Zerstörung geschützt hat. Zwei ältere englische Reisende haben den Stein gesehen, in ihren Reisewerken beschrieben und ihn auch, aber sehr ungenügend abgebildet. Sie gaben auch schon Spuren einer Inschrift auf dem untern Rande des Steines an. Als Michaelis und ich[1] im Jahre 1860 den Stein beim Besuche von Romäiko sahen, gelang es uns, nachdem wir den untern Theil von Erde frei gemacht hatten, die Inschrift vollständig abzuschreiben. Einen Fehler, den wir bei der Lesung machten, hat Kirchhoff[2] berichtigt; er hat auch Recht gehabt, gegen unsre sehr bestimmte Angabe zu behaupten, dass von der Inschriftleiste am Ende etwas abgebrochen und so die Möglichkeit äusserlich gegeben sei, einen vollen Hexameter zu ergänzen. Mit Ungrund wollte er dagegen voraussetzen, dass auch zu Anfang der Inschrift ein Buchstabe verloren sei. Nachdem jetzt für das Berliner Museum die Form des Grabsteins genommen ist und Abgüsse aus derselben zunächst in Berlin und in Halle aufgestellt sind, lässt sich hierüber sicher urtheilen. Dadurch wurde es auch erst möglich die hier gebotene Abbildung des Reliefs zu beschaffen.[3]

[1] Ann. dell' Inst. di corr. arch. 1861, S. 81 ff.
[2] Studien zur Geschichte des griechischen Alphabets. 2. Auflage. S. 63 ff.
[3] Höhe der Reliefplatte ohne Fuss- und Deckglied c. 1,82 M. Breite derselben unten 0,52, oben 0,51 M.

Die Inschrift¹ lautet nun also mit Ausnahme der ersten Stelle ganz nach Kirchhoffs Lesung unserer Abschrift:

Ἀλξήνωρ ἐποίησεν ὁ Νάξιος· ἀλλ᾽ ἐσίδεσ[θ]ε.
Alxenor aus Naxos hat es gemacht; seht nur!

Die selbstzufriedene Wendung am Schlusse des Verses, wie sie Kirchhoff hergestellt hat, kann an eine ähnliche Wendung in der Inschrift eines Thongefässes des Euthymides² erinnern.

Mit dem epigraphischen Theile ist aber das Interesse des Grabsteins von Orchomenos bei weitem nicht erschöpft, auch für die kunstgeschichtliche Betrachtung ist derselbe von grossem Werthe, da er der Entwicklungszeit des fünften Jahrhunderts angehört und recht wohl erhalten geblieben ist. Zwar wird der Naxier Alxenor, den wir sonst auch nirgends genannt finden, nicht grade eine der führenden Künstlergrössen seiner Zeit gewesen sein. Weder die Art des von ihm in Orchomenos übernommenen Auftrages, einen Grabstein zu machen, noch die Arbeit selbst sprechen für einen hervorragenden Künstler, wenn auch die Inschrift eine gewisse Betonung auf ein Werk von Alxenors Hand legt. Wir finden in seiner Arbeit aber die charakteristischen Eigenthümlichkeiten des Kunstzustandes seiner Zeit, wie sie sich in einem jeden auch untergeordneteren Gewerkserzeugnisse einer jeden Periode wiederzuspiegeln pflegen.

Alxenor hat nach der Weise des ältern Griechenthums, das noch nicht alle Blumen der Allegorie auf die Gräber streute, den Verstorbenen abgebildet, wie er im Leben war.³ Im umgeschlagenen Himation, das Haar mit einem Bande umfasst, lehnt sich der bärtige Alte auf seinen Knotenstock; bei ihm ist sein treuer Begleiter, der Hund, der zu ihm aufspringt, um nach einer Heuschrecke, die sein Herr in den Fingern hält, zu schnappen. Es ist ganz die Harmlosigkeit eines alltäglichen Vorganges.⁴ Von den Heuschrecken, immer zumal im Orient den grossen Feinden der Saaten, mochte ein guter Hauswirth oft genug gelegentlich eine unschädlich machen.⁵

Die Arbeit zeigt ein wohl fortgeschrittenes aber noch nicht ganz zur sichern Herrschaft über Form und Darstellungsmittel gelangtes Können, hie und da ein Wollen ohne Vermögen. Lebendige Wahrheit im Darzustellenden wird überall gesucht, aber das

---

1) S. das Facsimile in den Ann. dell' Inst. di corr. arch. 1861, tav. d'agg. E. n. 3, verglichen mit unserer Abbildung der Stele, welche den im Facsimile nicht angegebenen Bruch am Ende zeigt. Michaelis in Gerhards arch. Anz. 1867, S. 110.*

2) ὡς οὐδέποτε Εὐφρονιος s. O. Jahn Verzeichniss der Vasen, König Ludwigs-Einl. S. CVIII.

3) O. Jahn in den Grenzboten 1868, S. 166. Populäre Aufsätze S. 227.

4) Sehr häufig springt auf Grabsteinen der Hund nach einem Vogel auf, den der Verstorbene hält, auch wohl nach einer Weintraube bei einem verstorbenen Kinde. Auf einem Grabrelief aus Rhodos im Louvre hält der Verstorbene auf seiner Hand ein Häschen, während der Hund aufspringt. Hiernach wird das von L. Ross (Inselreisen III, S. 86) beschriebene Relieffragment auf Kasos auch zu einem gleichartigen Grabrelief gehören.

5) Eros im Begriffe eine auf einer Kornähre sitzende Heuschrecke zu fangen. Relief im Museum zu Avignon. Eros treibt hier Kinderspiel. Vergl. fab. Aesop. 350 Halm.

Gelingen fehlt noch vielfach; man sieht die Mühe noch. Das macht das ganze Relief für den gewöhnlichen Beschauer, der es als ein Einzelnes beurtheilt, unerfreulich, für den auf das Werden der Kunst achtenden Forscher wird es grade durch diese Züge anziehend und anerkennungswerth. Die natürlich bewegte Stellung ist verständlich dargestellt, am rechten Fusse ist eine starke Verkürzung gewagt. Das Nackte ist mit Kenntniss behandelt, die jetzt etwas abgestossenen Hände waren namentlich gut gelungen, die Muskulatur ist sorgfältig ins Einzelne gezeichnet, die grosse Ader am Oberarme fehlt nicht. Dagegen zeigen sich Haar und Gewand auch hier als die Stücke, welche der griechischen Kunst erst zuletzt gelangen und ebenso ist auch das in der Profilansicht des Gesichtes mandelförmig von vorn gezeichnete Auge im Einklange mit der auch sonst in diesen Theilen am längsten zurückbleibenden Formenentwicklung. Das Haar ist nicht mehr nach einem hergebrachten Schema gemeisselt, sondern mit dem nur noch unbeholfenen Bestreben einzelne Löckchen darzustellen; über der Kopfbinde ist kein Haar angegeben.[1] Das Gewand hat sich sozusagen mit dem Körper noch nicht recht vertragen und auseinandergesetzt; unten lässt es ihn stark durchscheinen; oben wo Alxenor den Versuch gemacht hat, die Wirkung des Aufstützens auf den Stock in dem Faltenzuge darzustellen, ist ihm über die Beschäftigung mit diesem Einzelmotiv der Zusammenhang im Ganzen verloren gegangen. Bei der Einordnung des Bildwerks in den gegebenen Raum der Platte fehlt noch das leichte sich Fügen in die Schranke, das keine Hemmung mehr fühlen lässt, diese grosse Virtuosität der fertigen griechischen Kunst, sehr merklich; namentlich der Hund ist in seiner aufspringenden Stellung etwas hineingequält in den Rahmen. Alle diese Eigenheiten der Entwicklungszeit finden sich namentlich auf verwandten Vasenbildern wieder; ich führe beispielsweise die Männer auf der grossartigen Vase aus Caere mit der Abholung der Leiche Hektors (Monumenti in. dell' inst. di corr. archeol. VIII, Taf. 27) an, wo sich auch dieselbe Art der Stellung sogar bis zu der Fussverkürzung wiederfindet. Auch solche Vergleiche sprechen für die erste Hälfte des fünften Jahrhunderts v. Chr. als Entstehungszeit des Reliefs von Orchomenos, so dass also Alxenor etwa ein Zeitgenosse des Kalamis gewesen wäre und sein bei aller Tüchtigkeit doch noch recht beschränktes Handwerk vielleicht bis in die Zeit hinein ausübte, als schon Phidias Alles zu überflügeln begann.

Das Relief ist sehr niedrig gehalten, so dass es sich nicht über die Randleisten der Stele erhebt, welche seitwärts als Pilaster oben mit einer Deckgliederung gestaltet sind, während unten die Fussplatte als Träger der Inschrift vortritt. Diese Begrenzung in der Höhenerhebung des Reliefs ist namentlich am Kopfe, am rechten Arme, am linken Beine merklich, die ganz in einer Fläche abgeplattet sind, in welcher die inneren Formen mehr linear eingezeichnet als modellirt sind. Es ist gewiss anzunehmen, dass die ganze flache plastische Unterlage ursprünglich durch Farbe weiter belebt war, wie es an der Aristionstele erhalten geblieben ist. An unserm Relief ist nur an den kleinen Kapitälen der Seiten-

---

1) Friederichs Berlins antike Bildw. I, n. 29, S. 30 nimmt ein glatt anliegendes Käppchen, wie es des Patroklos auf der Sosiasschale, an.

pfeilerchen und auf dem zwischen ihnen hingelegten Kyma die ursprüngliche Bemalung mit einer überfallenden Blätterreihe noch in ähnlicher Weise auf dem Steine kenntlich geblieben, wie z. B. die ursprünglich gemalten Ornamente an den Thronen im Relief des Harpyienmonuments von Xanthos.

Meine früheren Auseinandersetzungen über die kleinköpfigen Proportionen der Figuren in altgriechischen Kunstwerken veranlassen mich hervorzuheben, dass auch auf diesem doch wieder einmal recht unzweifelhaft nicht nachlysippischen Grabsteine die Gestalt des Verstorbenen etwa acht Kopflängen hat.

Schon mit Hülfe der älteren sehr unvollkommenen Abbildungen dieses Reliefs von Orchomenos war man darauf aufmerksam geworden, dass auf einem altgriechischen Grabsteine im Museum zu Neapel, dessen Herkunft leider nicht über die Sammlung Borgia hinaus zu verfolgen ist, die Figur des Verstorbenen wesentlich der auf dem Orchomenischen Steine gleicht.[1] Oben auf der Neapler Stele ist die Palmettenkrönung noch erhalten, die auch auf der von Orchomenos als ursprünglich vorhanden vorauszusetzen ist. Auch die Neapler Stele zeigt auf ihrer untern Leiste, worauf ich zuerst durch Boetticher[2] aufmerksam geworden bin, Reste einer Inschrift, die indessen wenigstens am Gipsabgusse in Berlin ganz unleserlich blieben. Die Uebereinstimmung der Reliefs zeigt die auf Tafel XI unter n. 2 neben die Stele von Orchomenos gesetzte Abbildung des Neapler Grabsteins.[3] Es hat aber nur eine freie Wiederholung desselben Motivs stattgefunden. Das Gewand auf 2 ist kürzer, der rechte Fuss ist da nicht in Verkürzung gebracht, der Hund sitzt ruhiger; endlich fehlt die Heuschrecke in der rechten Hand, wodurch deren Bewegung unverständlich wird. Am linken Handknöchel hängt an einem gewiss ursprünglich durch die Farbe angegebenen Bande oder Riemchen ein rundes Salbfläschchen. Vorn am Kopfbande ist eine Knüpfung und eine darüber emporstehende Spitze,[4] vielleicht nur das Ende der Binde zu sehen.

Von den beiden Grabreliefs macht das von Orchomenos den Eindruck grösserer Ursprünglichkeit, ohne dass ich es bestimmt für das eigentliche Original erklären möchte.

---

1) O. Müller Handb. der Archaeol. § 96, n. 284.

2) Nachtrag zum Kataloge der Gipsabgüsse des Berliner Museums n. 280.

3) In Gips restaurirt: Nasenspitze mit Nasenflügel, die rechte Hand ausser dem Daumen und kleinen Finger, ein Stück am rechten Arme, ein Stück des Stocks über der linken Hand, ein Stück des Ballens und der Handwurzel, der Zeigefinger der linken Hand; von dem Ringe um die Handwurzel ist nur ein Stückchen antik. An den Händen und am Kopfe sonst Vieles verstossen. Die Abbildung giebt den kleinen Quast am Gewandzipfel auf dem linken Schenkel nicht an. Höhe des Reliefs ohne Fussplatte und Krönung 1,78 M., Breite etwa 0,58 M.

4) Gegen Friedrichs Berlins antike Bildw. I, S. 29 zu n. 21 s. Gött. gel. Anz. 1868, S. 886. Vergl. z. B. Roulez mem. pour servir à expliquer les peintures d'une coupe de Vulci. Abb. der Brüsseler Ak. XVI, 1842, Taf. 1. 2.

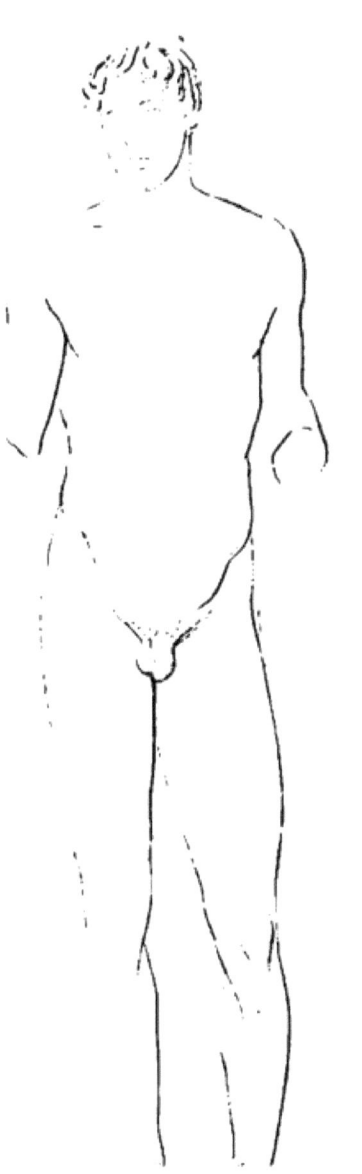

Taf. IV.

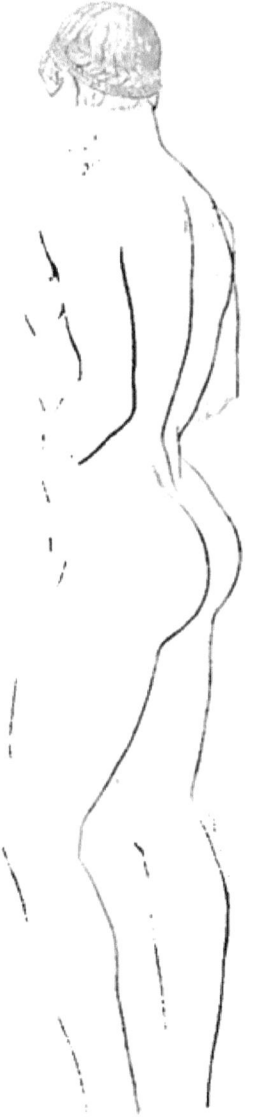

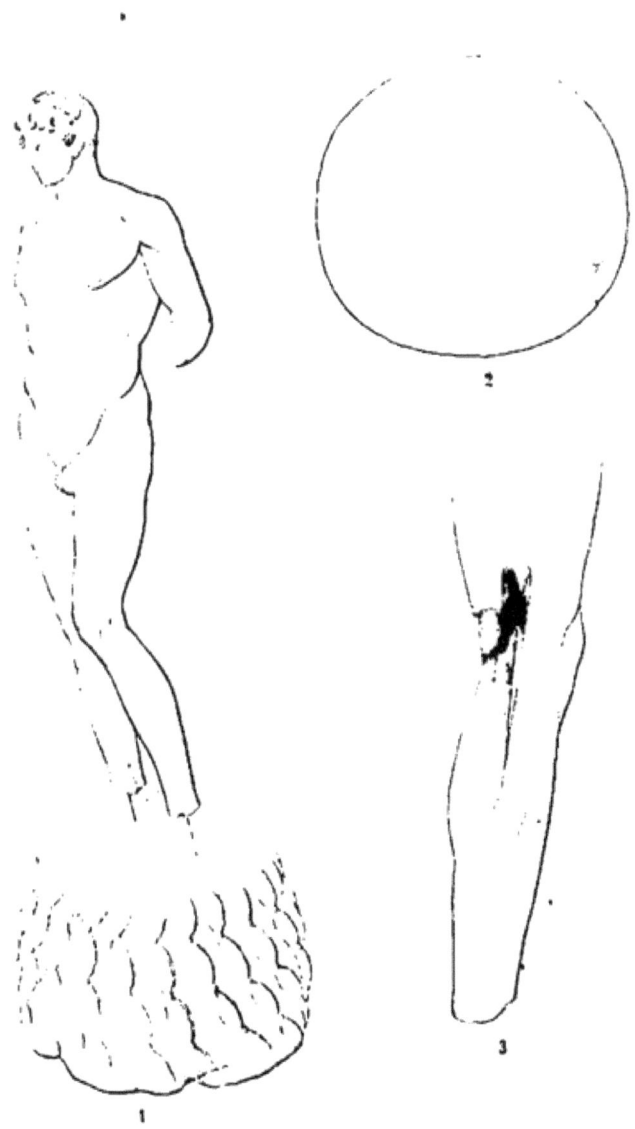

Taf. V

Taf. VI.

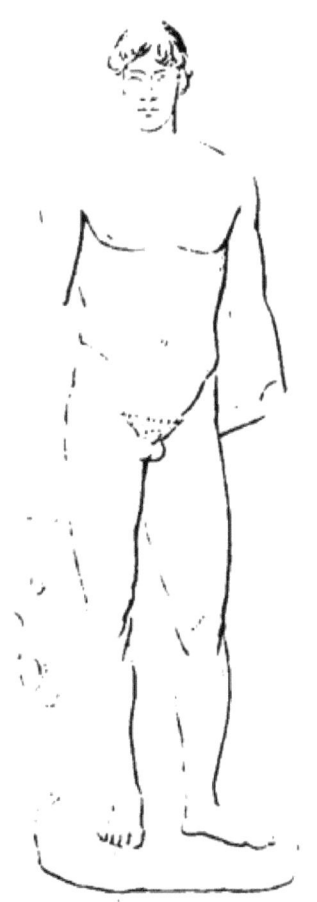 

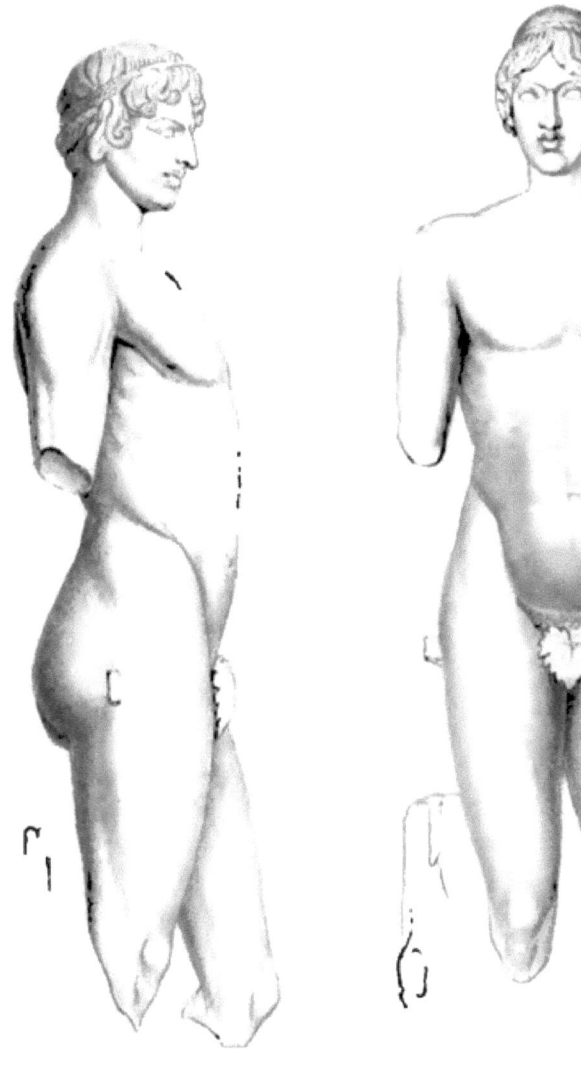

Taf. VIII

2 b

3 a

3 b

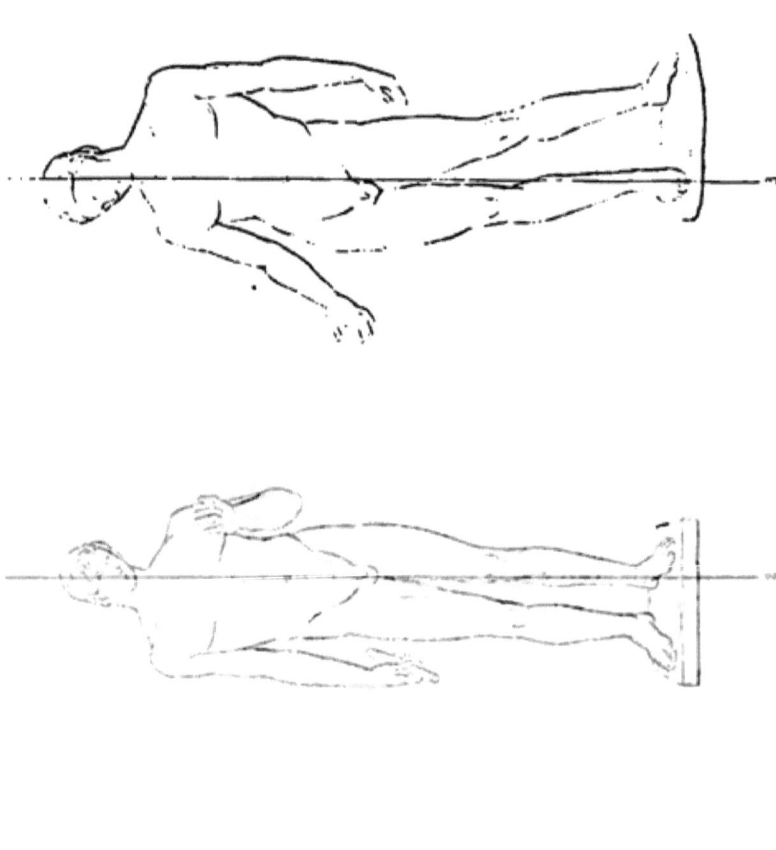